杰出班组长

班组五种能力提升

主编
胡 英
杨仁芳
聂云楚

企业管理出版社
ENTERPRISE MANAGEMENT PUBLISHING HOUSE

图书在版编目（CIP）数据

杰出班组长：班组五种能力提升 / 胡英，杨仁芳，聂云楚主编 . -- 北京：企业管理出版社，2023.3

（立正精益管理丛书）

ISBN 978-7-5164-2815-3

Ⅰ . ①杰… Ⅱ . ①胡… ②杨… ③聂… Ⅲ . ①班组管理 Ⅳ . ① F406.6

中国国家版本馆 CIP 数据核字（2023）第 008630 号

书　　　名：	杰出班组长——班组五种能力提升
书　　　号：	ISBN 978-7-5164-2815-3
作　　　者：	胡英　杨仁芳　聂云楚
策　　　划：	朱新月
责 任 编 辑：	解智龙　刘畅
出 版 发 行：	企业管理出版社
经　　　销：	新华书店
地　　　址：	北京市海淀区紫竹院南路 17 号　　邮　编：100048
网　　　址：	http://www.emph.cn　　电子信箱：zbz159@vip.sina.com
电　　　话：	编辑部（010）68487630　　发行部（010）68701816
印　　　刷：	北京博海升彩色印刷有限公司
版　　　次：	2023 年 3 月第 1 版
印　　　次：	2023 年 3 月第 1 次印刷
开　　　本：	710mm×1000mm　1/16
印　　　张：	16.25 印张
字　　　数：	196 千字
定　　　价：	68.00 元

版权所有　翻印必究　·　印装有误　负责调换

编委会
Editorial Board

主　编：胡　英　　杨仁芳　　聂云楚
副主编：雷晓刚　　杨爱民　　张哨生
编　委：陈晓刚　　丁展鹏　　韦彦华　　苏弟英
　　　　向　丽　　余弟录　　玄熙平　　宋　涵
　　　　罗仕文　　乔明海　　姜　萍　　许跃红
　　　　张吉欣　　古展荣　　张　京　　阳翠玲
　　　　张　艺　　骆韵锦

（编委排名不分先后）

序言 Preface

　　班组是企业最基本的组织单元，中国企业要想创一流，班组先要创一流，班组兴则企业兴，这是所有企业经营管理者的共识。新时代的班组建设工作，以落实"人才强企、文化强企、科技强企"的战略高度为出发点，把班组建设作为规范基础管理、推动跨越发展的基石和支点，不断强基固本、提质增效。改革开放四十多年来，随着我国从"中国制造"走向"中国创造"，班组管理也由从外引智、拓展思路转变为向内挖潜、创新增效。

　　班组可以根据业绩和状态分成五个层次：第一层次为新晋班组，第二层次为合格班组，第三层次为优秀班组，第四层次为卓越班组，第五层次为杰出班组。杰出班组有怎样的指标特征呢？立正顾问机构认为，可以从以下几个方面进行评价和衡量。

班组的核心动力在于班组长，从某种意义上说，班组建设就是班组长的建设，班组提升就是班组长的能力提升，做好班组长的五种能力管理，就是间接做好班组建设和管理。

这五种能力是什么呢？

就是**胜任力、现场力、凝聚力、战斗力、改善力**。

所谓胜任力，就是完成从员工（操作者）到管理者的心态和角色转变，达成岗位要求的能力。

作为管理者，职业心态与心智模式和作业者存在根本的区别，管理者需要对目标和成果负责，需要整合、调动、协调所有资源千方百计达成目标，既要为自己工作，对自己负责，又要为团队奉献和服务，带领团队达成绩效目标。班组长对自我的认知和管理，对管理者角色的认知和管理，从心理到态度、到行为、到结果的一系列改变，都非常关键。

所谓现场力，就是通过对班组人、机、料、法、环五大要素的规范化有序管理，提升员工职业素养的能力。

这是班组管理的基础内容和基本功，一流的产品源于一流现场，源于有素养的一流员工。从企业竞争力的角度来看，现场就是市场，市场就是战场。现场规范有序、明朗温馨，对内可以在安全、效率、品质、交期上得到保障；对外可以提升客户的信心和品牌美誉度。班组长的现场力管理是基本功，基本功不行，其他都是空谈。

所谓凝聚力，是指培养人才、融合团队及凝聚人心的能力。

凝聚力既包含良好沟通、承上启下平衡、凝聚人心，又包括教导员工、解决冲突矛盾、激励士气等。同时，在这些基础上建立机制、搭建平台，让员工成长，给员工发挥空间，建立分享机制、荣誉机制、活力机制等让团队融合凝聚，促进企业文化落地、生根发芽。

所谓战斗力，是指现场解决问题、达成管理指标 PQCDS 的能力。

战斗力包含日常的生产计划管理与数据分析等专业的管理工具及管理方法应用，也包含识别问题和解决问题的"三现"主义，对于异常 4M（人、机、料、法）的管理及时应对与确保生产计划的达成是班组长的核心硬功夫。同时，也可促进改善思维，强化掌握改善工具，为改善力的提升打下坚实基础。

所谓改善力，是通过对发现问题、识别浪费等思维方法和技术的学习和实践应用，改善不满足点、提升绩效的能力。

生产过程中，浪费和瓶颈无处不在，需要不断学习实践，改善力可以运用对应的方法技术消除浪费，改善制约瓶颈。改善是个螺旋上升的过程，班组长的改善力既包含自我的改善思维和方法提升，又包含发动班组成员一起找问题和改善问题，这就是全员参与、持续改善的应用实践。

班组长的五种能力打造和提升如何具体操作和实施？请认真阅读《杰出班组长——班组五种能力提升》这本书。

01 CHAPTER

第一章 胜任力
——创造班组高绩效的内核驱动 /001

第一节 班组长的定位与角色认知 /005

一、班组长的定位 /005

二、班组长自我角色的认知 /007

三、班组长胜任力的自测 /010

第二节 班组长的日常管理 /019

一、班组的工作内容 /019

二、班组长一天的工作记录 /020

三、班组长每周/每月的工作记录 /026

四、组织和开展高效的班前会 /027

第三节 养成良好工作习惯 /032

一、班组长的日常现状 /032

二、班组长的自我时间管理 /032

三、如何做好时间管理 /033

四、如何成为活用时间的高手 /034

本章小结 /038

02 CHAPTER

第二章
现场力
——营造有核心竞争力的生产环境 /039

第一节 实施现场力 7S 的作用及意义 /042

　　一、微利时代来临 /042

　　二、7S 管理是精益生产的基础 /042

　　三、7S 的功效 /043

第二节 7S 推行的总原则 /048

　　7S 的定义和精髓 /048

第三节 现场人、机、料、法、环的目视化管理 /077

　　一、目视化管理定义 /077

　　二、目视化的三境界 /078

　　三、目视化管理作用 /078

　　四、目视化管理要点 /079

　　五、目视化检查评价 /080

　　六、目视化色彩管理 /082

　　七、目视化管理在生产现场中的运用要点 /082

本章小结 /089

03 CHAPTER

第三章
凝聚力
——打造凝心聚力、锐意进取的员工团队　/091

第一节　凝聚力在班组管理中的重要性　/094

一、凝聚力的价值　/095

二、什么是团队　/095

三、优秀团队的特质　/095

第二节　如何达成班组成员的团队融合　/097

一、建立良好工作关系的要诀　/097

二、尊重部属的个人差异，设身处地为部属考虑　/098

三、赞美的力量：什么才是好的赞美　/099

四、有效沟通是团队的润滑剂　/100

第三节　如何做好员工的工作教导　/108

一、工作教导的学习目的和目标　/109

二、工作教导四步法　/110

三、工作教导在实际工作中应用：点滴教育 OPL　/116

本章小结　/119

04 CHAPTER

第四章

战斗力
——铸造 PQCDS 指标的绩效标杆　/121

第一节 影响班组战斗力的因素 QCD　/124

　　一、班组目标分解　/126

　　二、目标管理能力　/126

　　三、管理项目　/127

　　四、管理项目与目标的关系　/129

　　五、班组目标管理要抓住重点　/131

　　六、班组计划与执行　/132

第二节 传统的生产数据管理与数字化转型　/139

第三节 如何提升班组战斗力　/142

　　一、管理的本质　/142

　　二、班组标准化管理　/142

　　三、异常管理　/151

本章小结　/153

05 CHAPTER

第五章
改善力
——构造精益求精的创新文化　/155

第一节　改善的基本知识　/158

　　一、什么是改善　/158

　　二、改善的类型　/160

　　三、改善的水准　/160

第二节　改善的 10 大原则　/163

第三节　7 大浪费与 12 动作浪费　/166

　　一、什么是价值　/166　　四、企业常见的 7 大浪费现象　/169

　　二、什么是浪费　/167　　五、12 种动作浪费　/174

　　三、浪费的 3 种形态　/168　　六、如何识别浪费　/179

第四节　常用改善浪费方法和工具　/184

　　一、首件检查　/184

　　二、不良品展示　/185

　　三、不制造不良品的检查　/185

　　四、防错法（防呆法）　/186

　　五、生产线平衡法　/189

　　六、人机作业分析（工作的分离）　/193

　　七、流程程序分析法　/197

本章小结　/204

06 CHAPTER

第六章
杰出班组文化的培养和传承 /205

班组文化 /208

　　一、什么是班组文化 /208

　　二、建设班组管理文化 /209

　　三、建设班组制度文化 /210

　　四、建设班组安全文化 /213

　　五、建设班组学习文化 /216

　　六、建设班组和谐文化 /218

　　七、建设班组创新文化 /221

　　八、杰出班组文化建设的最终建议 /225

本章小结 /227

参考文献 /228

鸣谢 /230

01 CHAPTER

胜任力

—— 创造班组高绩效的内核驱动

第一章

所谓胜任力，就是班组长完成从员工（操作者）到管理者的心态和角色转变，达成岗位要求的能力。作为管理者，职业心态与心智模式和作业者存在根本的区别，管理者需要对目标和成果负责，需要整合、调动、协调所有资源千方百计去达成。作为一名班组长，既要为自己工作，为自己的人生承担责任，又要为团队奉献和服务，带领团队完成各个绩效目标。

▼ **情节一：**

伍立还是一位员工时，他眼中的班组长是以下这样的。

①大小是个"官"了——很威风。

②每天站在前面开班前会，安排工作——很神气。

③穿的衣服和我们都不一样了——很自豪。

④拿的工资比我们高了——很实在。

⑤自己不用干活，指挥我们干就行了——很轻松。

⑥学习的机会比我们更多了——很羡慕。

于是，伍立在心里暗下决心……

经过一年多的不懈努力和奋斗，在一次班组长竞选中，他如愿被提拔为班组长。可是才刚刚担任班组长一个月的时间，他就发现他的工作其实是以下这样的。

①员工还没上班，他就要先到并做准备工作。

②员工已经下班了，他还要检查巡场。

③员工遇到任何问题，他都要第一时间去处理。

④工作出现任何问题，领导追责就找他。

⑤为了树立亲和形象，该管的不敢管，结果被领导发现，自己挨骂，员工挨罚。

⑥对公司的制度不理解，和员工一起消极对待，导致团队绩效低下。

⑦最后，造成团队士气低落，成员关系疏远，导致工作出现失误被总经理办公室质询，面临领导问责……

伍立心里感到十分委屈，他心想造成这一切的原因明明是以下几种。

①员工工作不积极。

②员工工作不认真。

③员工执行力不强。

④员工纪律性不强。
⑤员工对工作不感兴趣。
⑥员工对公司没有归属感。
⑦员工不服从安排。
⑧员工现在太难管了……
这时，领导问了伍立以下两个问题。
①你是怎样被提拔为班组长的？
②你又是怎样在做班组长的？
于是，伍立陷入了沉思……

 | 作为一名班组长，到底该是什么样子？需要承担哪些角色职责呢？

第一节 班组长的定位与角色认知

> **管理核心思想理念一**
>
> 没有不合格的员工，只有不合格的管理者。

一、班组长的定位

1. 班组是企业生产经营活动的基本单位

企业生存的目的和意义在于利润，班组能实现这个目的。在企业追求利润的生产经营活动过程中，班组是最基本的生产单位，直接创造价值利润。它像人体的毛细血管，单个看似乎微不足道，但无数的细微构成了整体，整体的好坏可以从中评估出来。

班组是企业生产经营活动的基本单位，企业要想降低成本、提高劳动生产率，就要从班组抓起。如果不从这个根本上抓，那么一切的改善活动都只是"在冰面滑行"，难有实质性的突破。

2. 班组是企业最基层的管理单位

管理是否深入到基层是衡量管理水平的指标之一。班组是企业的基层管理单位，直接面对每一位员工，企业的精神最终通过班组贯彻到每位员工，然后通过员工的工作成果——产品反映出来。企业的管理、思想、文化只有深入班组这一层次，企业才能焕发生机。

目前有很多企业已经意识到班组建设的重要性,班组课程受到了很多企业的欢迎。从效益角度来看,班组培训比高级人员培训更直接、效果更明显。

3. 班组是生产流程的衔接要素

整个企业的生产经营活动,就是一个产品的制造过程。这个过程有长有短,衔接整个生产流程的是一个个班组,每个班组都是其中的一个环节。生产流程由一个个环节构成,需要更多的协调与合作,社会化大生产尤其如此。很多企业认为班组只要完成生产指令就行了,沟通协调是经理的事,这种认识是非常错误的。如果班组不能够实现协调,那么问题层层上报到经理要浪费多少管理成本?要耽误多少时间?其实很多现场的问题是很简单的,有原则就可以解决。企业高薪请来的经理却经常要做一些初级的判断,结果也不一定比员工现场判断更令人满意。

4. 班组是提高职工素质的基本场所

一些知名的大型跨国企业,如松下、理光、麦当劳、可口可乐等,都不约而同把培养人才当作企业的使命。培养人才为了什么?当然是为了创造更大的价值。这些企业在哪里培养人才?既非研究所,又非大学,而是在现场、在班组、在生产的第一线。没有一支认真负责、精益求精的员工队伍,企业很难制造精品、创立名牌。这样的员工队伍既不是在厂长的几次训话中形成的,又不是发几次奖金或罚几次款就能够锻造的,它需要班组长、主管长期地严格要求,工作上手把手具体指导;需要同事之间无障碍地切磋交流,才能在集体的氛围里逐渐形成。

5. 班组是激发创意、解决问题的团队

看一个企业有没有活力,首先看班组有没有活力,不断创新、不断改善是保持活力的"灵丹妙药"。单纯的生产工作是枯燥乏味的,长此以往员工可能就会消极怠工或跳槽,来去之间,对企业和个人都是巨大损失。如果班组是一个激发创意、解决问题的团队,永远都生机勃勃,员工在这个团队每天都保持着新鲜感、成就感,每天都面对新的挑战,那么他就会快乐工作,不断提高。员工的工作能力不断提高,企业的水平、效益自然也不断提高。

二、班组长自我角色的认知

1. 班组长的角色

对企业来说,班组长是基层的管理员,直接管理作业人员,是达成Q(品质)、C(成本)、D(交货期)指标最直接的责任者。

对主管人员来说,班组长是主管人员命令、决定的贯彻者和执行者,同时起着辅助和补充作用。在现场的管理过程中,班组长既是管理精神的传播窗口,又是主管与作业人员沟通的桥梁。

对员工来说,班组长是直接领导,对员工进行作业指导,评价其作业能力及作业成果,如图1-1-1所示。

图1-1-1 班组长现场指导和评价

对班组长来说，其他班组长是同事，是工作上的协作配合者，同时又在晋升方面形成竞争关系。

2. 班组长的角色价值

班组长在企业、员工、同事之间扮演着不同的角色，不同的角色赋予了不同的价值。

首先，班组长是企业价值和利润的创造者。这是最基本的一点，也最容易被忽略。很多班组长常常以为与上司搞好关系、与下属和平共处就可以了，这是错误的。价值是一只看不见的手，无处不在。正所谓"铁打的营盘流水的兵"，上司和下属会经常更换，但企业追求价值和利润的目标永远不会改变，有不少班组长在大的人事变更后往往被降职或被解雇，除了人际关系的原因外，与他没有为企业创造较大的价值有很大关系。

其次，班组长是中层管理人员的"左右手"。是"左右手"而非"左右脑"，表示工作的重点是具体实施，即以最好的方法贯彻上司的指示和命令，具体要注意以下几点。

①辅助上司工作，而非主导。

②协助上司开展工作，与上司形成配合和互补关系。

③提醒上司其不到位时要注意方式。

④原则上只接受直接上司的工作指令，只向直接上司负责和报告工作。

再次，班组长是作业人员的帮助者和支持者。经常有人认为一旦晋升，就有了"权力"，就可以"管人"，所以对员工颐指气使，动辄呵斥处分，引起员工的不满和对抗。

班组长多数从优秀员工中提拔上来，原来的工友对这个转变一般会有一个适应过程。如果新任班组长对作业人员以帮助者及支持者的身份出现，解决他们工作上的困难，那么相信很快会获得员工的拥戴，以权相压只会适得其反。

最后，班组长是同事的战友和兄弟。现代化生产最直接的特点是高度的协作分工，同事之间，工作交流配合频繁。同事往往又是晋升的竞争者，作为上司，晋升下属主要考虑是否更有利于工作。试想，对于两个工作都很出色的下属，其中一个工作上与别人合作融洽，人际关系、口碑都可圈可点；另一个不愿意协助同事完成工作，没有容人之量，上司会提拔谁呢？

从另一个角度来说，如果某个同事平时不配合工作，处处刁难他人，他一旦成为上司，就会导致他人不服气，甚至消极抵抗，这种情形下，很难开展工作。

作为一名班组长，在实际工作中针对上司、同事和下属的角色赋予了不同的价值（见图1-1-2），要配合上司的工作，也要协助同事，同时还要指导下属，才能推动整体班组的发展。

图1-1-2　班组长角色价值图

3. 班组长对企业的正确认识

班组长一方面要按公司的要求，保质保量完成生产任务；另一方面要代表员工向上级反映大家的意见和要求，班组长起桥梁沟通作用。作为基层管理人员的班组长，该用什么样的心态对待企业？以下三点是最基本要求。

（1）企业不是"顺风车"。

把企业当成一辆"顺风车"，或者是一个跳板，抱着"骑驴找马"心态的管理者，是企业最为忌讳的。人才是企业的发展之本，企业成员只有把企业当作自己施展抱负的舞台，企业才能发展壮大。个人在整个过程中既得到了锻炼，又使自身的人力资源升值，何乐而不为呢？所以班组长应在工作中倾注自己的全部热情，积极参与管理，与企业共同谋求发展。

（2）企业不是"收容所"。

企业任用每一位员工，都希望他能给企业创造更大的利润，这就是所谓的利益驱动。当员工不能为企业创造利润时，他就失去了利用价值，这是很残酷的现实。

班组长必须明白，企业不是"收容所"，努力工作才是我们的安身立命之本。从另一角度来说，如果企业真的像收容所，来者不拒，人人都有饭吃，皆大欢喜。那么我们反而要小心它哪一天轰然倒下时砸着自己。

（3）企业不是"福利院"。

企业只有盈利才能生存发展，而成果和业绩是企业盈利的前提条件，企业往往以业绩的多少来客观衡量管理者工作的优劣。管理者要使自己的"价格"更可观，就要为企业创造更可观的"价值"，企业不是"福利院"，付出每一个铜板都要有充足的理由。

三、班组长胜任力的自测

1. 认识管理

班组长作为一个基层管理者，履行着举足轻重的职责，在了解了自己的管理倾向后，有必要认识自己要出演的是一个什么角色。

先从管理讲起，管理学的起源可追溯到几千年前的金字塔建造工程，1776 年亚当·斯密在他的《国富论》中提出"劳动分工"的概念，《国富论》标志着"管理"开始作为一门学科存在。

直到今天，管理学仍然在不断地发展、检验和修正之中，无数的实践者和理论探索者在"管理学"的演进中留下了他们不朽的名字，管理的内涵也日益丰富和完善。管理学中的"人力资源方法研究"将管理从简单的机器工具模型观点中解放了出来，将人的行为作为研究的主体，是管理研究的重大进步，代表性的理论和人物有以下几个。

①罗伯特·欧文——心理学和专业效率

②戴尔·卡耐基——怎样赢得朋友和影响人们

③亚伯拉罕·马斯洛——需求层次理论

④弗雷德里克·赫茨伯格——双因素理论

⑤道格拉斯·麦格雷戈——X 理论和 Y 理论

这些理论是所有有关"管理理论"的书籍中必然要提及的，是所有管理学科学生的必修课。本书正是立足于此，向各位着重阐述班组长管理中有关"人"的管理。

到底什么是"管理"呢？基于研究的侧重不同，管理的定义各有不同，但是最本质的一点就是：同别人一起，或通过别人有效地达成组织目标的过程。这种过程被概括为"计划、组织、领导和控制"，即管理职能。法国"管理理论之父"亨利·法约尔于 20 世纪初在《工业管理与一般管理》中最早提出这种理论，经过不断的整合精简，时至今日，管理职能的这四项活动已成为探究"管理"的权威解释和理解切入口。

管理者的工作是具有普遍性的。身为管理者，从事的管理工作基本上是一样的，无论是总裁还是班组长；无论是工商企业，还是政府机关；无论身在北京，还是深圳，管理工作都是"计划、组织、领导和控制"。

你也许要质疑了，作为班组长和总经理怎么可能做着一样的工作呢？但事实确是如此，二者的不同仅来自履行管理职能的程度、重点、对象不同而已，而不是这些职能本身不同。

所以，班组长的工作本质跟总经理一样，是很神圣的！

2. 班组长的自画像

先来回忆一下，如果你是一名员工，记忆里或内心中的"理想的班组长"画像应该是怎样的呢？拿出笔来，把它描绘出来，然后给自己设置一条路径去接近它，它就是你处理各种问题的样板。

> **小窍门：你曾经的"理想模型"**
>
> 想象一下你曾经遇到过或看到过的最好的管理者的形象。如果没有一个完整的形象，那么就综合一下吧。比如你学校的老师、电视或小说里的人物、历史名人，都可以。这是一个整理思路的过程，来，将下面的句子补充完整吧。
>
> 1. 如果遭遇逆境，这个人会_____。
> 2. 当员工有困难时，这个人会_____。
> 3. 当员工犯错时，这个人会_____。
> 4. 当下属能力比自己强时，这个人会_____。
> 5. 当被上司错怪时，这个人会_____。
> 6. 员工都尊敬这个人，是因为_____。
>
> 这个小测验将会帮助你在遭遇两难境地而还没有处理经验时，做出正确有效行为的借鉴。

这个小测验是帮助你清晰地将自己的一些模糊要求描述出来，这时候模糊不要紧，力求不要在今后处理问题的时候再模糊迟疑。

成功总是先从模仿开始的，学习最快速的方式就是模仿。沿着成功者的轨迹，更容易到达成功的彼岸。

但是要注意的是，也不能因此固守以下这些策略。

①策略并不全部是"放之四海而皆准"的，环境即企业的"企业文化背景"，同样的准则并不适用于所有企业。

②即使同一家企业，文化也在不断演进和变化。只有"变化"是永恒的，所以，不断地学习、调整，不断地完善和更新，才能保证不断地向前。

成功者绝不是只停留在模仿其他成功者的阶段，需要不断地创新、调整，最终形成自己独特的风格，从而获得肯定和认可。

清楚了自己的"理想模型"，就要制订你的行动方案。但"知人者智，自知者明"，"人最大的敌人是自己"，清楚自己的弱点和优点，才不会受制于人。

"人贵有自知之明"，如下的测验可以帮助你获得自我意识方面的认知，你将通过得分分析和了解影响你管理能力的强势和弱势因素。

测验1：耐心

请在以下（1）~（5）选项间评估你自己。

（1）从不　　　　　1分
（2）偶尔　　　　　2分
（3）有时候　　　　3分
（4）经常　　　　　4分
（5）总是　　　　　5分

· 当我让某人去做某事而他没有做时，我以更强硬的语气再说一次。

· 当某人说话太慢时，我打断他。

· 当我看到某人做错某事时，我总是指出来。

· 当某人让我等待超过一两分钟时，我感到愤怒。

· 当某人没有立即回答我的问题时，我插嘴并且再重复一遍。

　　将你的得分相加。如果是17分或者更高，你应该使你的心情变得轻松一点、平静下来。你的不耐烦也许反映出了一种过度控制的思想形式。如果你的得分是16分及以下，在你得4分和5分的地方做记号，在工作中遇到这种情况时你应该注意控制，提高你建立信任、获得服从的能力。

测验 2：沟通技巧

请在以下（1）~（5）选项间评估你自己。

- 当我问一个问题时，我很好奇地想听到答案。
- 我喜欢在很多人面前说话。
- 假如我不同意别人的观点，在确信自己已经理解了对方观点的情况下我才会发表自己的观点。
- 假如我的发言要涵盖很多方面时，我会提前将想要说的内容列一个提纲。
- 当我发出指示或解释一个复杂的问题时，我将它们进行编号。

假如你的得分是 15 分或者更低，那么也许你正失去与别人相处的机会。你的下属能够分辨出你是心烦意乱还是对他们所说的话漠不关心，并且可以肯定的是，他们不喜欢这样。而假如你漫无目的地从一个话题转移到另一个话题，他们则可能不明所以或者干脆不听。不喜欢在公众面前讲话不一定使你丧失管理的机会，但是再增加一些技能无疑能为你的管理添砖加瓦。

> ### 测验 3：道德风范
>
> 请继续在以下（1）~（5）选项间评估你自己。
> - 我树立了高尚的道德典范，希望我的员工追随。
> - 当我陷入了道德困境时，会与贤明的导师讨论我的处境。
> - 当我犯错时，情愿承认自己做错了事，而非试图掩盖以免被别人发现或试图推卸责任。
> - 当我处在道德困境中、进退两难之时，我会采用"嗅觉测验"，假如它"闻起来"是坏的，我就不去做它。
> - 我为我的道德行为感到很安心，而不是时有不安。
>
> 如果你的得分是 18 分或以下，那么你应该警惕自己判断是非的态度问题了。

上面仅列出三个重要的方面，当然，作为一个管理者，对自己领导技能有深刻影响的远不止这三个方面，这三个方面却是最本质和最关键的。除了"沟通技巧"外，都直接关乎你的道德本质，而"沟通技巧"的本质也在于"真诚"，也可划入"道德"范畴。

在今天，"沟通"已成为管理者必备的一项技能。不具备沟通技巧的人，绝不可能是一个成功的管理者。道德，尤其是职业道德是特别需要强调的，它不仅是从业人员在职业活动中的行为标准和要求，还是对于社会所承担的道德责任和义务。

另外，你还需要评价自己的管理动机，一个有管理欲望的人才会有可能成为一个成功、快乐的管理者。

测一测你的管理动机有多强

下面的问题用来评价你在一个大型组织中从事管理的动机。它们基于 7 种管理者工作的角色维度。对每一个问题，在能反映你动机强烈程度的数字上画圆圈。

1. 我希望与我的上级建立积极的关系：

   弱　1　2　3　4　5　6　7　强

2. 我希望与同等地位的人在游戏中和体育竞赛中竞争：

   弱　1　2　3　4　5　6　7　强

3. 我希望与同等地位的人在与工作有关的活动中竞争：

   弱　1　2　3　4　5　6　7　强

4. 我希望以主动和果断的方式行事：

   弱　1　2　3　4　5　6　7　强

5. 我希望吩咐别人做什么或用法令对别人施加影响：

   弱　1　2　3　4　5　6　7　强

6. 我希望在群体中以独特的或引人注目的方式出人头地：

   弱　1　2　3　4　5　6　7　强

7. 我希望完成通常与管理工作有关的例行职责：

   弱　1　2　3　4　5　6　7　强

你的总得分将在 7~49 分的区间内。评分标准如下。

7~21 分 = 较低的管理动机

22~34 分 = 中等的管理动机

35~49 分 = 较高的管理动机

▼情节二：

伍立通过学习明白了自己的定位和角色，可是他越来越感觉到，自从当上班组长，自己变得越来越忙，每天有忙不完的工作，没有时间休息，没有时间陪父母，没有时间陪孩子，没有时间和朋友聚会，没有时间学习，甚至没有时间生病！每天的微信运动步数都是2万步起，常常位列榜首。他不免在领导面前流露出想要减轻任务量的想法。

这时领导问了他一个问题：你可以告诉我你每天都忙了些什么吗？

这下可把伍立难倒了：自己每天看上去的确很忙，可真要说忙了些什么？自己还真不知道……

如何梳理自己每天的工作，让它变得井井有条，即使再忙也能保证重点工作和关键事项能按时、按质、按量地完成？

第二节 班组长的日常管理

> **管理核心思想理念二**
>
> 班前会是下达工作指令和评价工作的重要载体。

一、班组的工作内容

作为一名班组长，要全面了解与本班组相关的业务流程，掌握必要的专业技术、业务技能和管理技术，要有足够的实务运作能力，更需要具备日常班组管理的基本素养（见图1-2-1）。

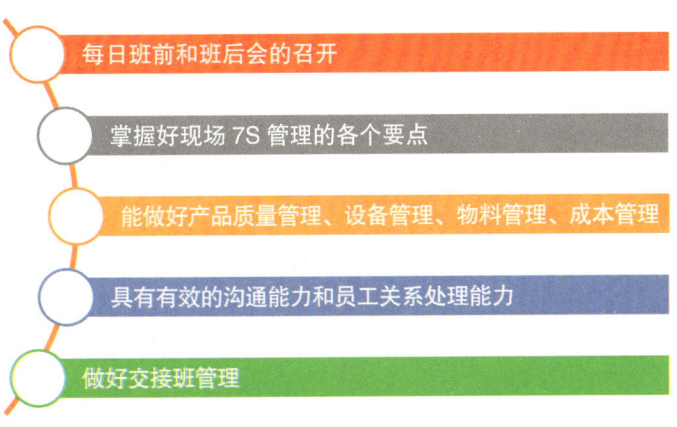

图1-2-1 班组的工作内容

二、班组长一天的工作记录

1. 上班前的准备工作

作为管理人员,班组长每天必须提前十分钟上班,为马上要进行的班前会预留充足的准备时间,也可以提前打开需要预热的机器设备,为一上班就能投入正常生产做准备。

2. 班前会

集合班组内所有人员,点名并互相问候。在小结昨天工作的基础上安排今天的工作,说明基本要求和注意事项,把工作安排给班组成员。

3. 机械设备、治工具的作业动作状况检查,结果确认

为了更早发现机械设备、工装夹具的不符合,需要用作业动作状态检查表来确认问题点。若有不符合,根据其程度及时修理,并采取报告上司等适当的处理(见图1-2-2)。

图1-2-2 现场设备检查确认

4. 测定机器等精度确认

对于测定机器和使用工具等进行精度确认，要明确精度确认的重要程度。例如要确认作业者用转矩分析器检查之后是否在检查表上进行记录。

5. 现场巡视

（1）作业的观察。

为了检查作业者是否按照标准进行作业，以及为了找出更好的作业方法而进行作业的观察。

特别是新的作业设定之后确认作业内容是否符合作业者的水平，以及是否按所决定的标准作业，然后进行作业指导。观察作业者的作业状态时，要对照标准作业书，并在仔细观察后进行指导。

（2）安全作业状态的检查。

作业者是否按要求着装、安全操作，工作现场环境是否符合7S要求。

（3）品质检查状态的确认。

作业者是否按照指示的品质检查方法作业；本工序的品质保证频率为2次/天（上、下午各一次），在下一个工序和本工序内确认；有时也听组员的报告。

（4）零部件、材料的存量检查确认。

6. 向上司报告生产状况

向上司正确地传达生产状况，提出自己的看法和意见，请求必要的指示，上司不在时报告给代理人。

7. 后勤事务的处理

确认出勤状况，批复相关申请，接受有关生产的联络事项。

8. 把握某段时间的生产实绩

根据实际生产情况，将每小时生产实绩记入生产工作日报，可以了解整条生产线的状态，如果某段时间异常，查明原因并采取必要的对策。

9. 出席各种会议

为了进行各种信息搜集和交换，出席各种会议，对于调整事项等（人员、品质、物料、方法等）交流各自的心得看法。

10. 对于指示事项的实施状况检查

（1）对于临时作业。

工程试验、生产试验、设计变更的作业容易出现异常，这时班组长和技术员应参与首件产品的确认，必须按照设计式样图、工程表、作业表检查；还要按定量和日程共同进行检查，在变更后的首件产品上挂标识牌，促使相关人员注意和随机应变。

（2）对于作业变更。

改善提案被采用和作业内容变更的时候是否按照变更的内容作业，要检查哪里不符合，以及对前一工序、本工序及下一工序有什么问题发生，是否要支援和确认半成品等进行指示。

（3）确认新作业者是否按照作业指导进行作业。

（4）对生产进度状况的把握。

11. 员工的作业巡查

员工是否按标准的作业方法在生产线上作业。

12. 品质和异常的情报收集及反馈

要留意上一工序是否有新人作业（作业不熟练者），或者本工序有新人进入，或者作业熟练者休息等，这些情报要提前联络检查员或下一工序，对故障根据系列号码（实际的日程安排号码）确认生产状况，同时要掌握问题制品出货地方，班组长认为判断有困难时须集合有关部署确认现物、现状（向上司或技术员等请求指示、呈报意见）。

13. 跟组员问候

班组长与组员见面时，一句简单的问候或微笑会让他人感觉到很亲切。另外要及时让组员消除隔阂，必要时进行交谈。问候时要做到公私分明，注意口吻上和聊天的区别。

14. 设备关闭的确认

必须确认设备是否关闭电源，打开的设备必须检查是否关闭。如油压、传送带、照明等。

15. 参加午休的活动

发动组员积极参加现场娱乐活动，如午休学习会等。

16. 对上午生产实绩的把握及机械、设备、治工具不符合点维修状况的检查

上午的生产实绩达不到计划目标时，下午一开工就调查原因

并制定对策；不符合的机械、设备、治工具及时维修（见图1-2-3），及时传达给负责保养的作业者。

图 1-2-3　设备维修

17. 作业训练状况的确认，作业训练的实施

把握生产的必要技术内容和各组员的技能训练要求之后制订训练计划，包括在实际作业中掌握的技能检查，根据标准作业指导书实施作业训练。

18. 异常发生时的处理对策

（1）安全。

跟上司（安全专员）联络，接受指示。

（2）品质。

指出本工序对策，防止向下一工序流出不良品，有异常发生须迅速告知上级领导和相关的部门人员等。

（3）设备。

联络保全部说明状况，若花费较长时间则报告上司或采取适当的处置措施。

（4）停工。

停工时间长达 20 分钟以上时，组织员工学习、开会，或对不良品返工处置等；短时间停工（20 分钟以下）时，指示组员进行现场清扫、整理、整顿等活动。

19. 下班时生产实绩及生产数据的确认、汇集和报告

根据当日的生产状况确认实绩并整理数据，通知下一班开工时要进行的必要处置。作业日报上记入并确认，根据日报记录管理数据把握现场的问题与生产实绩。品质情报统计，包括设备故障内容（开动率）、直接率、能率、复合能率、测定机器精度、开工、下班点检簿、不良统计，材料、保护工具、消耗品使用状况，作业员的勤怠、出勤率等。

20. 轮班传达事项的确认

把轮班必要的情报记录在"白班夜班联络本"里，联络本上记载以下内容。

①生产方面，生产量完成的情况和作业设定内容。

②人事方面，组员的异动、支援和临时员工的入厂接收等关联情报，以及受训者和出差者的确认等。

③品质方面，下班之前品质不良发生时的处置，异常零件被纳入的情报，本工序上流出的不良品处置等。

④设备方面，如机器、机械的停止次数，对于设备上的问题处理对策、原因追究或确认等。

⑤其他，如安全装置的不符合、灾害的有无等。

21. 下班时的处置

防护用具的收回、放置，工具的整理、点检，现场清扫的确认。

三、班组长每周 / 每月的工作记录

1. 现场教育的实施

各类管理技术的学习会、新产品组装学习会、危险预知训练 KYT、设备导入学习会等，执行现场上必要的训练计划，进行工作、技能指导。

2. 出席提高生产性会议

出席会议之前进行资料的总结整理，如提高工作效率的数据、降低成本的状况，根据内容对生产实际中的情况进行确认。会议如有必要可与班组或其他人员共同参与。会议主要内容如下。

①现场试产说明会，根据要求对现物确认。

②各种研修会及突发的会议。

3. 组织班组成员进行技术讨论和学习

①跟技术员和作业员就生产中的异常讨论，包括对品质、设备、工装夹具产生的问题点的研究和现场对应的方法。

②组织对员工的培养、指导，特别是对新进员工。

4. 工作周 / 月报的制作

结合工作实际情况，每周 / 每月对总体工作情况进行总结和复盘，并制作成工作周 / 月报表。

四、组织和开展高效的班前会

作为一名班组长,如何组织和开展日常班前会?班前会不是任务性工作,不能只是简单地安排工作内容,合格的班组长要利用好班前会把工作氛围调动起来(见图1-2-4)。

如何召开好班前会?成功班前会的要点有哪些?班前会的标准程序有哪些?

图1-2-4 班前会现场

1. 班前会的意义

班前会是指利用每天工作前的5~10分钟的时间,全体员工集合在一起,互相问候、交流信息和安排工作的一种管理方式。很多企业在推行班前会的时候,都普遍存在以下的认知误区。

①谁有没有来,一看就知道,何必开班前会呢?
②把指示传达到位就行了,何必开班前会?
③听取那么多与我无关的事,浪费时间。
④在告示板上张贴就行了。
⑤这么短的时间,什么事也说不清楚。
⑥开班前会的时间,可以多做好几个产品呢!

存在上述误区的根本原因是没有认识到班前会在现场管理中的重要位置，班前会有以下几种属性。

①人员点到的场所。
②活动发表的场所。
③作业指示的场所。
④生产总结的场所。
⑤唤起注意的场所。
⑥培训教育的场所。
⑦信息交流的场所。

班前会在现场管理中占有重要的位置，即使占用了工作时间也要坚持实施。

2. 班前会的六大好处

①有利于团队精神的建设。
②能产生良好的精神面貌。
③培养全员的文明礼貌习惯。
④提高干部自身水平（表达能力、沟通能力等）。
⑤提高布置工作的效率。
⑥养成遵守规定的习惯。

3. 班前会的内容

①发出号令，集合人员。
②人员报数点到（通过报数声音确认人员精神状态）。
③总结昨天的工作。
④传达今天的生产计划和基本活动，说明注意事项。
⑤转达公司指示事项。
⑥鼓舞人员工作干劲儿。

⑦宣布作业的开始。

如果班组内有轮班或上班时间不一致的情况,有必要把班前会事项进行传达,否则容易引起生产的混乱,产生问题。

班前会的内容及记录如表1-2-1所示。

表1-2-1 班前会记录表

班组	主持人	日期
1.班前会基本动作: 　　每天上班前10分钟,班组成员按身高从低到高分成两排或三排列队集合,要求每人每天位置固定。 　　主持人向全体班组员工大声问候"大家好"。 　　员工回应"好!很好!非常好!"并击掌三次。 　　班组长统计出勤人员情况。 　　今日应出勤____人,实际出勤____人,迟到____人,请假____人,旷工____人		
2.昨日工作小结:		
3.布置当日的工作任务安排(可具体到人):		
4.强调安全和7S管理:		
5.传达公司及车间要求:		
6.确认班前会内容: 　　班组长询问组员"今天的班前会内容,我讲明白了吗?大家有没有不清楚的地方?",待员工反应(时间1分钟),如无反馈则班组长宣布班前会结束;全体喊企业(班组)口号并击掌三次结束班前会;员工回到各自岗位		

4. 班前会的主持人

班前会的主持人不一定是班组长,也可以由部门主管或员工轮流担当,或者共同主持,如表1-2-2所示,为班前会不同主持人的区别。

表 1-2-2　班前会不同主持人的区别

主持方式	要求说明	利	弊
班组长主持	班组长具备一定的权威性，表达能力强	能够针对班组特性、现状进行，针对性强	班组长的能力差距将造成班组差距
部门主管主持	全盘工作非常清楚	班组人员重视，方针政策能够得到贯彻	管理人员得不到应有的锻炼，会议时间容易过长
管理人员轮流主持	管理人员了解他人的工作，有全局观念	管理人员的才干得到锻炼和施展	焦点分散，行动方向较难统一，团队塑造慢
管理人员和员工轮流主持	信息通畅，协商式的风气已经形成	形成一种民主协商的工作气氛	推行有一定难度，效果难于预测
员工轮流主持	对员工的素质、责任心、问题意识要求高	员工参与管理，提高责任心	员工放不开时，可能草草结束

学以致用：

结合班组实际情况，填写好本班组的班前会记录表（加上表单序号，留下提交地址，备注老师可以点评）。

▼情节三：

伍立通过上一节内容的学习，明白了班前会的重要性，以及每日不同时间段需要关注的工作。可是上班的现状就像一名救火队员，员工有各种事情来找他，请他处理，问他意见，每天既紧急又重要的事情太多。他常常感觉自己像一个陀螺，每天在不停旋转，片刻不得停留，常常还要接受来自领导的"鞭策"。他希望自己的工作能有序、有效、有质地开展，并且长期执行下去！于是，他想请教领导……

这时领导问了他一个问题："你每天处理既紧急又重要的事情花费多少时间？"

伍立毫不犹豫地回答："基本都是在处理这类事情……"

困惑3 如何才能改变自己救火队员式和陀螺式的工作状态呢？

第三节 养成良好工作习惯

> **管理核心思想理念三**
>
> 80%的时间需要用来做重要不紧急的事情。

一、班组长的日常现状

对于班组长来说，每天看似都是简单和重复的工作，在日常管理中忙忙碌碌。而在实际执行过程中经常出现同样的异常、同样的错误……班组长如何做到高效自我管理，如何优化每日工作内容、消除时间浪费、提高工作效率，同时能抓住重点、不漏掉工作的关键点？

有些班组长说，想把工作做好，但是没精力，想学点东西，又没时间，总是为生产任务和指示、问题忙得焦头烂额。合格的班组长能合理分配时间、井然有序地安排班组事宜，很大原因来自良好的工作习惯。

二、班组长的自我时间管理

时间管理是时间活用的技术，包括3个方面的内容，如图1-3-1所示。

图 1-3-1　时间管理的 3 个方面

不管是班组长，还是管理人员，要取得事业的成功，固然需要机遇、知识和才能，但是有了这一切并不意味着成功，只有通过有条不紊的系统工作才能转化为成就，时间就是限制因素。所以，要想成功，必须有效利用时间，一切的成就都可归为时间的节约。时间一般有以下 10 大"敌人"。

① 寻找物品。
② 等待对方的回复和确认。
③ 会议时间、向公司报告等手续业务。
④ 制作图表、报告，数据整理。
⑤ 不遵守约定时间。
⑥ 与同事闲聊。
⑦ 完美主义导致过分的细致入微。
⑧ 总是为了帮别人办事而忘记本职工作。
⑨ 沉浸于梦想与空想中，不务实。
⑩ 未达成、损耗、不良。

三、如何做好时间管理

每一个人，都是乐于做自己已习惯的事，心安理得并且是无意识的。但是，这个行为对自身来说并不一定能得到有意义的结果。这种对自身没有帮助的行为被称为惯性、惰性。要想打破根深蒂固的惰性定式，必须有深刻的觉悟和不懈努力，这是一个自我挑战的过程，包括以下 10 点。

①先做好计划和全过程的策划。
②工作上确立优先顺序，保证重点。
③从容易的、自己会做的工作着手。
④以一时一事、一日一事的集中办法，同时做相似的工作。
⑤有效利用自己的最佳时间段。
⑥有效利用零星时间，包括等待时间。
⑦有效利用电脑、互联网等先进手段。
⑧采用平行处理的方法活用时间。
⑨要有效利用团队的力量。
⑩强化时间成本意识，随时检查工作进度，并予以反馈。

四、如何成为活用时间的高手

活用时间的高手利用时间的方法一般有四招：一是计划性；二是巧用方法；三是工作的转移；四是会议求效率，很值得借鉴（见图 1-3-2）。

图 1-3-2　活用时间的四招

1. 有计划地利用时间

①利用备忘录的形式记录预定日程安排。
②约定与对方会面的时间和地点。
③明确工作的完成时间。

④思考性的工作放在上午，机械性的工作放在下午。
⑤事先决定单位时间（一小时的会议、半小时观摩等）。

2. 改变工作方法
①创造工作处理的"模式"。
②尽快判断，哪怕这个决定有些粗糙。
③今天的工作今天做，一日一清。
④信息收集时使用摘要版。

3. 挤出自己的时间
①只回答建议，不回答问题。
②尽量把工作委托给部下。
③将工作标准化，随时都能移交给别人。
④要明确做到"上意下达"。
⑤充分利用电话、备忘录、内部网传达信息和解决问题。
⑥一边工作，一边学习，两不耽误。
⑦摆脱人际关系的纠缠，减少"迎来送往"。

4. 会议要重视效果
①先讨论重点议题。
②事前要与各方充分通气、打招呼。
③多开站着就可以进行的碰头会。
④参与人员提早5分钟到场。
⑤会而有议，议而有决，提高会议效率，如可以在现场组织会议（见图1-3-3）。

图 1-3-3　现场快速会议

5. 班组长如何做好时间管理

对于班组长来说，基于自己的工作职责和日常工作内容，通过时间管理的方法制定日常管理的标准工作表，并定时更新状态，以确保实际工作完成。而关键点就在于要做什么？在什么时间做？通过制定出班组长的日常工作标准表，一方面提升执行力，消除时间浪费，提高工作效率，另一方面抓住重点，不漏掉关键点。

班组长日常管理工作标准表中的内容来源于三个方面：一是工作职责，二是例会，三是日常工作。可以记录一段时间自己的实际工作，然后进行总结分类。班组长日常管理工作标准表如表1-3-1所示，作为参考。

时间管理分享

每个人都向往自由，自由的前提是做到自律，自律就是养成自觉的时间管理习惯，让人生有方向，年年有规划，月月有目标，周周有计划，日日有行动，从而拥有自信的人生，成为自己想要的样子！

表 1-3-1 班组长日常管理工作标准表

姓名：_____ 职位：_____ _____班标准工作表 直接上司：_____

序号	工作内容	日常工作/节点	重要程度	执行情况 1月 1 2 3 4 5 6 7 8 9 10 11 12 13 14 15 16 17 18 19 20 21 22 23 24 25 26 27 28 29 30 31	备注
1	晚班异常情况了解，白班班组早会，KYT活动的开展	40分钟	★★★★★		
2	晚班产出核对，白班任务、生产任务整顿的整理	30分钟	★★		
3	现场生产设备巡视和物料情况在处理异常	30分钟	★★★		
4	处理邮件	50分钟	★★★★		
5	参加各类临时性会议，处理生产现场的各种异常	150分钟	★★★★★		
6	班组现场安全巡视及安全隐患整改反馈	40分钟	★★★★★		
7	班组现场5S情况检查和改善推进的落实	30分钟	★★★★★		
8	外协物料、班组前后一道工序的沟通	60分钟	★★★★★		
9	员工沟通、新员工的培训	30分钟	★★★★★		
10	统计当天生产任务、报工、报产、汇报班组情况	60分钟	★★★★★		
11	班组日志工作总结汇总和台账处理	40分钟	★★★		
12	与每班做工作交接	40分钟	★★★		

序号	工作内容	每周工作/节点	重要程度	周数 一 二 三 四 五 六 日	备注
1	上周考勤数据核对上交	周一	★★★★★		
2	厂部车间质量、安全生产周例会	周一	★★★★★		
3	清洁改善重点项目跟进和汇报	周三	★★★★★		
4	固化标准化重点项目跟进和汇报	周四	★★★★★		
5	本周安全、行为、质量等K值上交及公示	周日	★★★★★		

备注：1. 完成√；正需改进？；未完成×
2. 以上时间节点按正常工作日程进行，临时性工作占用以上标准时间须备注

> ◆ **本章小结** ◆
>
> 　　如何才能做好一名班组长？先要考量的就是班组长自身的胜任力要求到底是什么？谈到班组长的胜任力，包括两个方面：一是如何判断自己是否有能力胜任班组长这个职位，二是如何努力达到班组长职位的胜任标准。要做好一个班组长，基本的胜任力要求就是角色认知、自我管理。本章通过从班组长的定位与角色定位、班组长日常工作内容和养成良好的工作习惯等方面展开说明，核心理念就是班组长一定要先理清自己！

学以致用：

结合"班组长标准工作表"参考格式，结合实际工作中的内容，根据重要程度标注优先顺序。

02
CHAPTER

现场力

——

营造有核心竞争力的生产环境

第二章

[所谓现场力，就是通过7S这个有效的现场管理工具，对班组现场人、机、料、法、环五大要素的规范化有序管理，提升员工职业素养的一种能力。]

▼情节四：

　　伍立通过对第一章"创造班组高绩效的内核驱动"三节内容的学习，工作已经渐入佳境，他有信心胜任班组长这个职务了。随着市场竞争越来越激烈，最近，公司决定开展 7S 现场管理。工作刚刚规律，又面临加班，员工抱怨不断：7S 就是刷油漆、打扫卫生，是在搞形象工程、搞形式主义。每天加班加点，增加我们的工作负担，周末也不能正常休息……

　　面对员工的抱怨，伍立不得不思考：从现在的状况来看，7S 让员工变得有点消极，7S 会给公司带来实质性的效益吗？

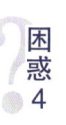

困惑 4 7S 到底有什么作用和意义？

第一节 实施现场力 7S 的作用及意义

> **管理核心思想理念四**
>
> 企业改变从 7S 开始——现场就是市场，市场就是战场！

一、微利时代来临

中国经济增速放缓、原材料价格居高不下、消费者越来越理性、产品创新的难度不断增大、企业管理成本及费用持续走高……所有这些从宏观到微观的经营要素变化在不断地提醒着人们一件事情：各行各业已全面进入了微利时代！面对如此微利经营的考验，企业运用传统的思维方式会停留在原有的盈利模式上没有出路，没有未来，不管你是否愿意，作为以盈利为存在意义的企业，从现在开始，必须降低成本、节约开支，整理现在、面对未来。

二、7S 管理是精益生产的基础

企业为了实现经营目标，会构筑并运用各种各样的管理制度，只有有效、确切地应用这些管理制度才能够达到经营目标，可是这些管理制度只有在达到预期目的的时候才能突显其价值，要想有效地运用管理制度，就必须巩固建立"管理之柱"的 7S 基础。

实施 7S 管理，能够保证生产过程的持续化、规范化；提高产品质量，能够降低各种浪费；提高效率，从而降低成本，打造科学合理的工艺布局和整齐划一的工作环境。以上措施可以使员工及早发现异常、减少问题的发生，实现人员、设备、材料、方法的最优化配置，提高服务的效率和效果，取得最大化的综合效益。

三、7S 的功效

推行 7S 是生产现场管理的基础和手段。通过实施整理、整顿、清扫、清洁、素养、安全、节约活动，消除生产现场不利因素，达到保障安全生产，提高设备健康水平，降低生产成本，改善生产环境，鼓舞员工士气，塑造企业良好形象的作用。

1. 保障安全生产——实现事故为零、污染为零的目标

（1）事故为零。

事故为零，是指人的不安全行为和物的不安全状态得到规避，员工的风险防范能力得到提高，最终实现安全可控、在控，事故为零的目标。

①整理、整顿后，通道和逃生路线等不会被占用。

②作业实行定置管理，员工正确使用劳动保护用具，不会违规作业。

③物品放置、搬运、贮存、保养等都考虑了安全因素。

④现场安全标志齐全，介质流向和标牌清晰，能够防止误入和误操作。

⑤所有设备都进行清扫，能预先发现存在的问题，有效消除设备隐患。

⑥危险源得到辨识和控制，应急预案齐备，应急处理程序清

晰，突发事件能得到妥善处置。

⑦工作场所宽敞、明亮、通畅，现场一目了然，安全隐患易于发现和治理。

（2）污染为零。

污染为零，是指设备、设施可靠性高，状态良好，没有跑、冒、滴、漏现象，符合或优于环保要求。

①设备设施排放指标符合或优于国家标准。

②粉尘、噪声、气体得到控制和改善，作业环境良好。

③员工正确佩戴劳保用品，安全防护符合要求。

④现场环境整洁有序，没有脏、乱、差等现象。

⑤余料、尾材等尽量变废为宝。

2. 提高设备可靠性——实现设备缺陷为零的目标

缺陷为零，是指设备在规定的时限内运行可靠，不出现故障或性能不足、降负荷的情况。

①目视化管理，使设备状态、指标数据一目了然，为设备管理奠定良好基础。

②污染源治理，现场无"七漏"（漏水、漏油、漏气、漏煤、漏粉、漏灰、漏汽）。

③运行人员操作熟练、精细调整，避免出现超温、超压等影响设备健康的事件。

④设备维护保养到位，每日进行点检，缺陷早发现、早处理，防患于未然。

3. 规范企业管理——实现差错为零的目标

差错为零，是指员工对标准的执行度和工作的熟练度高，操作正确、快速，符合运行操作、检修工艺、管理活动的要求。

①在推进 7S 活动中，逐渐形成公司的制度标准体系，减少了出错的可能。

②员工养成了遵章守纪的良好习惯，形成认真、严谨的工作作风，员工按规范的标准去操作，不容易出错。

③目视化的现场，任何状态都一目了然，员工不易出错，出错了也能迅速发现。

4. 促进降本增效——实现浪费为零的目标

浪费为零，是指企业在生产经营活动中，"损耗"最小，"价值"最大。

① 7S 能减少库存量，避免零件、材料、备件库存过多，避免储存设施和搬运工具过剩。

②避免购置不必要的设备、备件、工器具及办公物品等。

③避免"查找""搬运""等待"等引起的浪费。

④优化运行操作方法，减低耗差，提高经济效益。

⑤流程优化，可以消除不必要的审批环节等管理流程，提高企业管理效率。

5. 提升员工素养——实现违章为零的目标

违章为零，是指员工在生产过程中，遵守安全生产有关法律、规章制度规定，没有违章指挥、违章作业、违反劳动纪律的行为。目视化现场、规范化流程使违章的可能性降至最低；通过推行 7S，员工养成遵章守纪的习惯，不会违反法律法规、规章制度，不发生"三违"行为。

总而言之，通过 7S 管理的推行和应用，企业能够实现可持续发展，逐渐成为行业内有影响力的企业，并且至少达到四个相关方的满意。

①投资者满意（IS——investor satisfaction），通过7S，使企业管理效益提升，投资者可以获得更大的利润和回报。

②客户满意（CS——customer satisfaction），通过7S，使企业具备高质量、低成本、技术水平高、交付及时的实力。

③员工满意（ES——employee satisfaction），通过7S，企业效益提高，员工待遇好，幸福指数高，每个员工都能有较高的幸福感和成就感。

④社会满意（SS——society satisfaction），通过7S，企业对社会积极回馈，热心公益事业，支持环境保护，树立了良好的社会形象和品牌美誉度。

学以致用：

结合你的实际工作状况，可以和我们分享一个你和7S的故事吗（留下提交地址，优秀稿件有偿使用，可在立正顾问机构公众号上发表）？

▼**情节五：**

　　伍立通过第一节内容的学习，明白了 7S 对企业、对车间、对班组，尤其是对员工带来的好处和作用，于是他开始向员工宣贯 7S 的意义，尤其是之前抱怨比较多的员工，员工对 7S 的认知逐渐加强……

　　可是，班组全体成员辛辛苦苦做了两个多月 7S，效果却不明显，没有通过公司的验收，员工开始沮丧，伍立也陷入了沉思：到底是哪里没有做好呢？

困惑 5 | 如何推行 7S 才能达到公司想要的目标呢？

第二节 7S 推行的总原则

> **管理核心思想理念五**
>
> 7S 是用来干的，不是用来看的！先实用，再美观！

一是领导高度重视，并在政策和资源上给予支持；二是抽调精兵强将组建推行团队；三是事先做好规划，全员参与。

7S 的定义和精髓

1. 整理

（1）整理的定义。

区分必需品和非必需品，把必需品保持在合适的数量，如图 2-2-1 所示。

图 2-2-1 整理

（2）整理的目的。

腾出空间，保证现场简洁通畅，使管理简单化。

（3）整理的要领。

整理是把"要的"和"不要的"东西区分开来，处理掉不需要的东西，便于管理，便于取用，防止混乱，这样现场就比较有序，空间就多出来了。另外，要特别关注的是"把必需品保持在合适的数量"，对"量"的控制才是"整理"产生真正价值的核心。

现场"要"和"不要"的标准如何确定，是依照它的购买价格还是使用频度？企业在做"7S"的第一步时都会碰到这个问题，对于判断物品"要"与"不要"无从取舍。于是我们提出了一个标准：在工作场所，特别是在生产现场，"要"和"不要"的一个最重要的标准就是使用频度，如果员工在工位上作业，随时要使用的东西要留下并且最近化放置。比如手机是使用频率最高的，那么手机放在哪儿？在手上、口袋中、包里，都是随身或是贴身放置的。这就是一个非常典型的根据使用频率来确定物品或工具的放置位置，使用频率越高，这个物品或工具就会离使用者越近，反之就会离使用者越远。班组的日常工作中到底如何开展整理工作？工作开展如图 2-2-2 所示。

班组现状检查

对班组及班组所管理区域进行全面的检查，包括看得见的地方和看不见的卫生死角

制定区分必需品与非必需品的判断标准

清除非必需品

非必需品按要求定置摆放并做好分类及标识

每天自我检查，循环整理

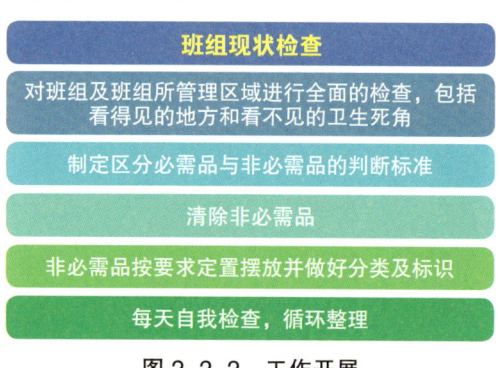

图 2-2-2　工作开展

现场检查,即对班组及班组所管理区域进行全面的检查,包括看得见的地方和看不见的卫生死角。如现场地面上的推车、物料、包装材料、工装夹具、杂物等;工作台上的零件、工具、配件、样品等;办公区域桌面、抽屉、办公设备、小电器等;墙面上的标识牌、张贴物、透明胶带、线束线槽、蜘蛛网等;室外放置的废弃的设备、工具、材料和杂草等。

明确什么是"必需品"与"非必需品"。所谓必需品是指经常使用的物品,如果没有它,正常的工作或生产作业就无法进行下去。非必需品则可分为两种:一种是使用周期较长的物品,例如1个月、3个月甚至半年才使用一次的物品;另一种是对目前的生产或工作无任何作用的或需要报废的物品,例如已不再生产的产品的样品、图纸、零配件、设备等。

必需品和非必需品的区分与处理方法如表2-2-1所示。

表2-2-1 必需品和非必需品的区分与处理方法

类别	使用频率	处理方法	备注
必需品	每小时	放工作台或随身携带	
	每天	现场放置(工作台附近)	
	每周	现场存放	
非必需品	每月	仓库存放	定期检查
	三个月	仓库存放	定期检查
	半年	仓库存放	定期检查
	一年	仓库存放(封存)	定期检查
	两年	仓库存放(封存)	定期检查
	有用	仓库存放	定期检查
	不需要用	变卖/废弃	定期清理
	不能用	变卖/废弃	定期清理

清除非必需品，把握的原则是判断物品现在有没有"使用价值"，而不是用原来的"购买价值"进行判断。对于非必需品的处理，一般有以下几种方法参考，如图2-2-3所示。

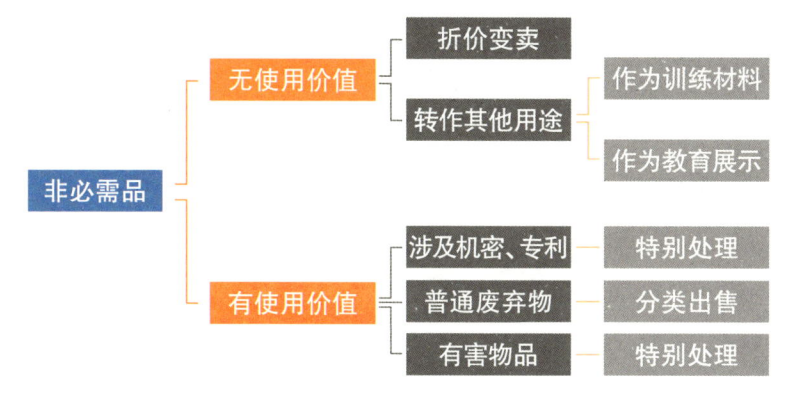

```
非必需品 ─┬─ 无使用价值 ─┬─ 折价变卖
         │              └─ 转作其他用途 ─┬─ 作为训练材料
         │                              └─ 作为教育展示
         └─ 有使用价值 ─┬─ 涉及机密、专利 ─ 特别处理
                       ├─ 普通废弃物 ───── 分类出售
                       └─ 有害物品 ─────── 特别处理
```

图 2-2-3　非必需品处理方法

班组内每天自我检查、循环整理，现场每时每刻都在发生变化，昨天的必需品对于今天来说可能就是非必需品，因此要做好每天的整理工作。整理是一个永无止境的过程，如果只是偶尔突击一下，那就失去了整理的意义，7S管理活动就不会成功。

首先，班组的内务整理是书籍资料的整理，特别是班组成立的时间越长，各类过期的专业资料越没有进行整理，就一直放着。为什么呢？大家都给出一个非常具有说服力的原因："万一要用就会找不到，不能扔"，遇到类似情况就要视具体情况进行处理。对于淘汰或是不用的设备，相关资料可以进行销毁处理，不常用资料进行打包并做好资料目录存放，常用的资料要做好目视化管理，就近存放于文件柜中。

其次，是班组使用的工具管理，班组的工具管理一般是好的和坏的全部乱放在一起，对于工具的管理，标准的做法是将有问题、可修复的工具放一类，损坏、无法使用的工具放一类，正常工具放一类，将工具按种类、功能、型号进行细分，根据使用的频率确定放在什么地方最方便拿取。

班组的整理工作还会涉及桌面、抽屉、桌底等区域，整理的方法基本上是一样的，桌面上物品同样是根据使用频次来决定放置位置，考虑使用者的习惯等因素，抽屉的整理工作要求私人物品放置于最下层，常用物品放置于最上层，公私分明。

2. 整顿

（1）整顿的定义。

必需品依规定定位、定方法摆放整齐，明确标示，如图2-2-4所示。

图 2-2-4　整顿

（2）整顿的目的。

工作井然有序，不浪费时间寻找物品，建立管理标准。

（3）整顿的要领。

整顿就是把需要的物品留下来并分门别类，按类别去区分定置定位，什么东西放在什么地方、怎么放，要根据物品的特点来进行。需要的物品要摆放整齐，使之有序化，同时物品的基本信息要标识明确，利用标识的方法方便员工及时取用、妥善保管，使生产现场一目了然。

（4）班组的整顿工作如何开展。

很多人面对这个问题都感觉无从下手，非常茫然，到底如何快速地开展？方法如图2-2-5所示。

> 彻底进行整理工作
>
> 布局和流程的调整，确定放置场所
>
> 规定放置方法
>
> 进行标识

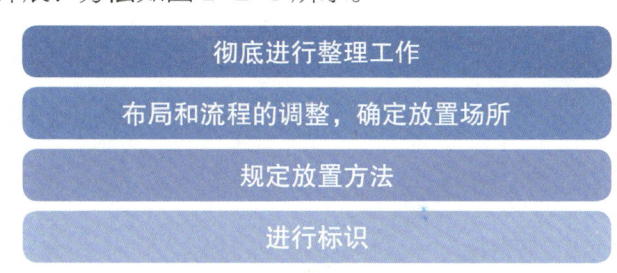

图2-2-5 整顿工作开展方法

第一步，彻底进行整理工作，现场只留下必需品。工作岗位只能摆放最低限度的必需品，并且这种状态一直保持下去。

第二步，布局和流程的调整，确定放置场所，现场物品放置要做到100%的定置。流程和布局必须遵循距离最短、用时最少、方便快捷，并确保绝对安全。对于特殊物品、危险物品应设置专门的场所进行保管，办公室布局如图2-2-6所示。

图2-2-6 办公室布局

第三步，规定放置方法，在规定物品、设备等放置方法时必须遵循"三定"的原则。

①定点，确定物品的摆放位置，如采用挂放方式、物料盒、工具箱、挂板等在规定区域进行定点放置，工具定点如图2-2-7所示。

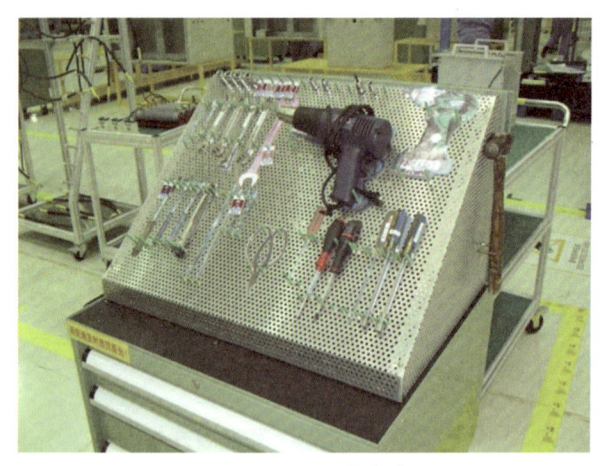

图 2-2-7　工具定点

②定类，按产品、物品的功能、性质、形状、大小或种类进行分类放置，方便取用和先进先出，物品定类如图 2-2-8 所示。

图 2-2-8　物品定类

③定量，确定物品放置的合适数量，如最大存放量、最小存放量、安全存放量等。确定物品堆放的高度，确保安全，不会有倒塌的风险；做好防潮、防尘、防锈、防撞等安全措施，物料定量如图 2-2-9 所示。

图 2-2-9　物料定量

第四步，进行标识，用相同颜色的油漆、胶带、地砖、栅栏等对区域进行功能分区，加以识别。比如人行通道建议宽度80cm以上，单向车通道建议在最大车宽基础上增加90cm以上，双向车道建议在最大车宽基础上增加100cm以上，通道标识如图2-2-10所示。

图 2-2-10　通道标识

利用好颜色对区域进行区分，绿色可以用来表示合格区、成品区、物料区等；白色可表示作业区；黄色表示临时区/一般通道；红色可表示不良区域/安全管制警告等。

所有的物品与标签要做到一一对应，标签的内容要一目了然，不产生歧义，分类标识如图2-2-11所示。

图 2-2-11　分类标识

班组内务第一项整顿工作是给每个物品取个名字，即做标识，并贴在对应的位置。例如文件柜、工具柜要对应做好标识，无论是谁都能一眼将它们进行区分；标识每个文件夹里面放的是什么内容，给它取一个名字，比如放置的是员工教育培训的资料，那么就叫"员工培训记录"；当有很多文件夹时，为了防止放错、拿错等异常情况的发生，采用形迹线管理就能很好地给每个文件夹找到一个唯一的"家"，让所有人都能准确找到它，物品定置如图 2-2-12 所示。

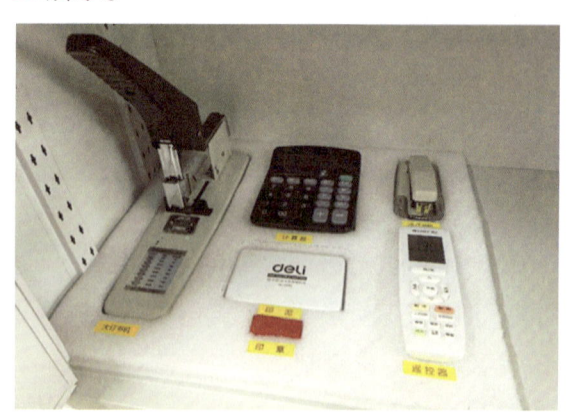

图 2-2-12　物品定置

3. 清扫

（1）清扫的定义。

清除现场内的脏污，并防止故障的发生，如图 2-2-13 所示。

图 2-2-13　清扫

（2）清扫的目的。

保持现场干净明亮，设备和工具状态良好。

（3）清扫的要领。

清扫在 7S 推行过程中有两层含义：第一层就是人们通常理解的打扫，清除大环境当中的垃圾、灰尘、水渍、油污来保持现场干净明亮；第二层含义就是对设备的巡检和维护，通过日常巡检发现设备隐患，从而消除安全和质量隐患。

清扫实施步骤如图 2-2-14 所示。

- 领导要以身作则
- 全员参与，责任到人
- 清扫就是点检，发现问题并解决
- 制定相关的清扫基准

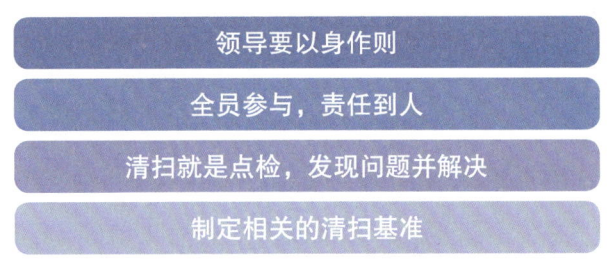

图 2-2-14　清扫实施步骤

第一步，领导以身作则。7S 成功与否的关键在于领导，如果领导能以身作则，大家都会认真去做。很多公司推行 7S 不力，是因为仅靠行政命令去维持，缺少领导的以身作则。领导以身作则如图 2-2-15 所示。

图 2-2-15　领导以身作则

第二步，全员参与，责任到人。公司所有部门、所有人员都应一起来执行这项工作，不依赖清洁人员，只有亲自动手才能体会到劳动的不易，才会发自内心地珍惜别人的劳动成果，这样 7S 的成果才能得到最大限度的维持。最好能明确每个人负责清扫的区域，分配区域时必须划清界限，不能留死角。

第三步，清扫就是点检，发现问题并解决。对设备进行全面无死角地清扫，就会快速全面地检查设备的健康状态，根据发现的问题确定设备改善的方案，把设备的清扫与点检、保养等结合起来。用一个生活中的实际例子来说明清扫和点检的关系：某人把车停在小区露天停车场的拐角处，周末给车做了一个全面清洗，在清洗过程中发现车的尾部有很明显的擦痕，回想最近也没有发生擦碰事故，那么擦痕是如何产生的？原来是因为车停在拐角处，很容易被别的车辆磕碰，有了这次经历，后来他停车的时候就不会再选择拐角处了，所以清扫的真正意义是发现问题和解决问题。那么对于设备来讲，不能等到出现问题后再进行补救，而要进行预防。

1）设备的使用、点检、保养。

机器设备的管理分三个方面，即使用、点检、保养。

①设备使用即根据机器设备的性能及操作要求来培养操作者，使其能够正确操作使用设备并进行生产，这是设备管理最基础的内容，三者间关系如表 2-2-2 所示。

表 2-2-2　使用、点检、保养之间的关系

状态	内容	形式	发生时期	频度
使用	培训 试用	使用说明书 操作规范	设备使用前 岗位培训	到掌握为止
点检	检查 记录	点检指导书 点检记录	使用前后 规定的时间	定期或不定期
保养	实施 记录	保养制度 保养说明书 保养记录	规定的时间	定期

②设备点检指使用前后根据一定标准对设备进行状态及性能的确认，及早发现设备异常，防止设备非预期的使用，这是设备管理的关键。

③设备保养指根据设备特性，按照一定时间间隔对设备进行检修、清洁、润滑加油等，防止设备劣化，延长设备的使用寿命，是设备管理的重要部分。

2）六源的防治，包括危险源、污染源、清扫困难源、故障源、浪费源、缺陷源，六源活动开展流程如图 2-2-16 所示。

①危险源：潜在的事故发生源、不安全的因素。

②污染源：源自人、空气、物料、水、灰尘、油污、废料、加工材料屑、有害气体、有害液体、电磁辐射、光辐射、噪音等。

③清扫困难源：难以清扫的部位，包括空间狭窄、没有人的工作位，设备内部深层无法使用清扫工具；污染频繁，无法随时清扫；高空、高温、设备高速运转部分，操作工难以接近的区域等。

④故障源：造成故障的潜在因素。

⑤浪费源：生产现场的浪费多种多样，如人力浪费、物料浪费、等待浪费、搬运浪费、空间浪费、能源浪费、时间浪费等。

⑥缺陷源：影响产品质量的生产或加工环节等。

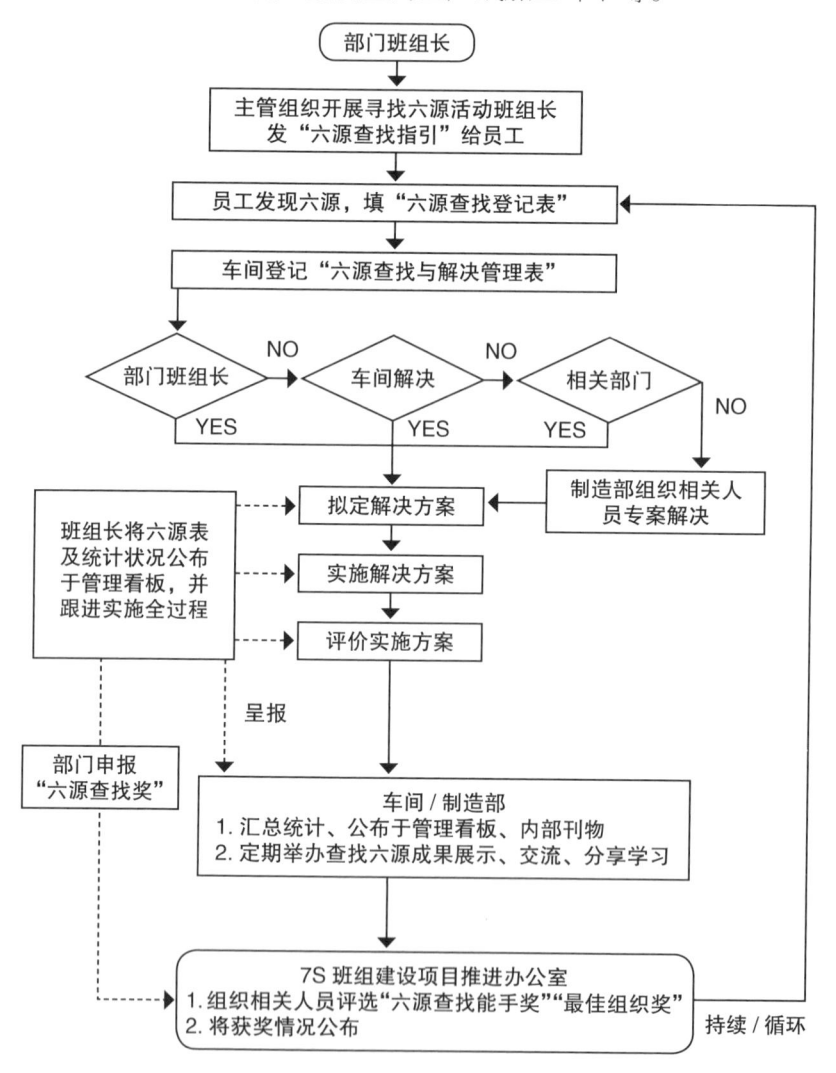

图 2-2-16　六源活动开展流程

第四步，制定相关的清扫基准，明确清扫对象、方法、重点、程度、周期、使用工具、负责人等项目，保证清扫质量，推进清扫工作的标准化，清洁作业指导书如图2-2-17所示。

图2-2-17　清洁作业指导书

4. 清洁

（1）清洁的定义。

将上面"3S"实施做法制度化、规范化，维持其成果，清洁如图2-2-18所示。

图2-2-18　清洁

（2）清洁的目的。

通过制度化来维持成果，成为标准化工作的基础。

（3）清洁的要领。

清洁是持续进行整理、整顿、清扫，这三个"S"是制度化、规范化，持之以恒，创造出洁净、规范、一目了然的作业环境。第四步清洁是持续进行"3S"，生产环境跟产品质量水平有密切的关系，清洁就是指现场一目了然又非常洁净。清洁追求长期的固化，持续地进行规范化、制度化。技术标准规范如图 2-2-19 所示。

图 2-2-19　技术标准规范

7S 活动一旦开始，就不可在中途变得含糊不清。如果不能贯彻到底，就会导致公司内形成保守僵化的氛围，一旦形成，再想打破这种保守、僵化的现象，唯有耗费更长的时间慢慢改正。7S 实施要点如图 2-2-20 所示。

- 落实前 3S 工作
- 制定奖惩制度，加强执行
- 领导重视，经常带头巡查
- 制度化

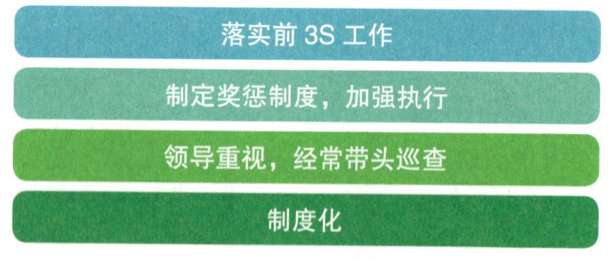

图 2-2-20　7S 实施要点

第一步，落实前 3S 工作。彻底落实前 3S 的各项工作，充分利用各种宣传手法，维持 7S 的活动气氛；整理、整顿、清扫是行动，而清洁是行动的成果，即在进行整理、整顿、清扫过后呈现出来的状态就是清洁。

第二步，制定奖惩制度，加强执行。制定有关 7S 竞赛、执行、管理等的评分、评比奖惩制度；奖惩只是一种形式，而团体的荣誉与不断地进步才是最重要的。

第三步，领导重视，经常带头巡查，起到一个很好的示范引领作用。

第四步，形成制度化，办公区 7S 管理评分标准如表 2-2-3 所示，这一步在整个过程中是非常重要的环节，前面整理、整顿、清扫等在短时间内做好并不困难，但想要长期维持下去并非易事，企业在实施 7S 之初都会通过一些宣传、看板、标语、活动等来激发现场的热情，使现场有很大的变化，想要长期维持下去并将这些好的方法传承下来，就必须制定好相关的标准化文件。清洁就是将好的方法进行标准化，形成管理制度并长期贯彻实施，始终如一地维护与保持。

表 2-2-3　办公区 7S 管理评分标准

项目	序号	标准内容	不符合时扣分
1. 地面	1.1	办公区通道明确并畅通	1
	1.2	地上无垃圾、无杂物，保持清洁	1
	1.3	暂放物有"暂放标识牌"	1
	1.4	可移动物品可采用隐形等方法定位或存放于定位区域内	1
	1.5	地面无积水	1
	1.6	垃圾桶定位摆放，标识明确	1
	1.7	垃圾桶本身保持干净，垃圾不超出容器口	1
2. 盆栽（包括台上的摆设）	2.1	盆栽须适当定位，摆放整齐	1
	2.2	盆栽定期浇水，泥土没有干裂	1
	2.3	盆栽周围干净、美观	1
	2.4	盆栽叶子保持干净，无枯死	1
	2.5	盆栽容器本身干净	1

续表

项目	序号	标准内容	不符合时扣分
3. 办公桌、椅	3.1	办公桌定位摆放，隔断整齐	1
	3.2	抽屉应分类标识，标识与物品相符	1
	3.3	台面保持干净，无灰尘杂物，无规定以外的物品	1
	3.4	台面物品按定位摆放（除正在使用外），不拥挤凌乱	1
	3.5	人员下班或离开工作岗位10分钟以上时办公椅归位，台面物品下班后全部归位	1
	3.6	办公抽屉不杂乱，公私物品分类定置	1
	3.7	与正进行的工作无关的物品应及时归位	1
	3.8	桌面上不存放与近期工作无关的文件和资料	1
	3.9	人离开办公室时对保密资料确保人走桌清	1
	3.10	玻璃下压物尽量减少并放整齐，不压日历、电话表以外的资料	1
4. 其他办公设施	4.1	热水器、空调、电脑、复印机、传真机、碎纸机等保持正常状态，有异常时必须做明显标识	1
	4.2	保持干净	1
	4.3	明确责任人	1
	4.4	办公设施的导线整齐走排、集束固定	1
	4.5	线路上不得放置及悬挂杂物	1
	4.6	电源开关、插座、控制面板标识清晰，控制对象明确	1
	4.7	应保证处于正常使用状态，非正常状态应有明显标识	1
	4.8	不得随意走线，尽量集束整理；线路上不得有积尘或污迹，并粘贴标识	1
5. 门、窗	5.1	门扇、玻璃保持干净明亮	1
	5.2	窗台上无杂物摆放	1
	5.3	门窗、窗帘保持干净无破损	1
	5.4	门窗玻璃无乱张贴现象	1
	5.5	门牌号码或部门标牌齐全、统一、无破损	1
6. 墙、天花板	6.1	保持干净，无脏污、乱涂写	1
	6.2	没有无关悬挂物	1
	6.3	照明设施完好，亮度适当	1
	6.4	电器开关处于安全状态，标识明确	1
	6.5	墙身贴挂物应保持整齐，通知等定位在看板公告栏内	1
	6.6	没有蜘蛛网	1
	6.7	破损处及时修复	1

续表

项目	序号	标准内容	不符合时扣分
7. 过道	7.1	满足正常照明度，照明设施保持正常	1
	7.2	保持通风，无异味	1
	7.3	无乱张贴和存放物品	1
	7.4	部门门牌标识统一、正确、保持完好	1
	7.5	消防设备按规定位置定位，明确责任人，定期点检	1
	7.6	电气箱保持完好，明确管理责任人	1
8. 公告栏、看板	8.1	做好版面设置，标题明确，有责任人	1
	8.2	内容充实，及时更新	1
	8.3	笔刷齐备，处于可使用状态	1
	8.4	无过期张贴物	1
9. 文件资料、文件盒	9.1	定位分类放置	1
	9.2	按规定标识清楚，明确责任人	1
	9.3	文件夹（盒）内文件定期清理、归档	1
	9.4	文件夹（盒）保持干净	1
	9.5	文件资料明确保管期（无期限要求的文件例外）	1
	9.6	无过期、无效文件存放	1
	9.7	文件归入相应文件夹（盒），与标识相符	1
10. 文件柜（橱）	10.1	文件柜分类标识清楚，明确责任人	1
	10.2	文件柜保持干净，柜顶无积尘、杂物	1
	10.3	文件柜里文件夹放置整齐，并用编号、形迹等方法定位	1
	10.4	文件柜内物品、资料应分区定位，标识清楚	1
	10.5	柜内物品与标识相符	1
11. 私物和着装	11.1	按着装规定着装	1
	11.2	工作服、帽干净无破损	1
	11.3	服装没有披于椅上	1
	11.4	私人物品一律摆放于私人物品区并放置整齐	1
12. 行为规范	12.1	没有呆坐、打瞌睡	1
	12.2	没有聚集闲谈或大声喧哗	1
	12.3	没有吃零食	1
	12.4	不做与工作无关的事项（看报纸杂志、小说等）	1
	12.5	没有擅自串岗、离岗	1
	12.6	节约用水、用电	1
	12.7	上班、开会没有无故迟到、早退现象	1
	12.8	开会时不交头接耳，使用手机到会场外	1
	12.9	只在指定场所吸烟	1
	12.10	遵守职业规范	1

续表

项目	序号	标准内容	不符合时扣分
13. 规章制度	13.1	工作区域的 6S 责任人划分清楚，无不明责任的区域	1
	13.2	6S 区域清扫责任表和点检表要按时、准确填写，不超前、不落后，保证与实际情况相符	1
	13.3	单位建立经常性的晨会制度，车间、部门每周至少一次，要有记录	1
	13.4	按 6S 手册教育职工，要求员工待人有礼有节，不说脏话，做文明礼貌人	1
14. 休息室、休息区、会客室、会议室	14.1	各种用品保持清洁，适当定位标识	1
	14.2	各种用品及时归位	1
	14.3	饮用品应保证安全卫生	1
	14.4	烟灰缸及时倾倒，烟头不乱扔	1
	14.5	地面保持干净	1
15. 清洁用具、用品	15.1	清洁用具、用品定位摆放，标识明确	1
	15.2	容器本身干净，容器内垃圾及时倾倒	1
16. 加减分	16.1	同一问题多次出现，重复扣分	1
	16.2	发现未实施整理整顿清扫的"6S 未实施整理整顿的死角"每 1 处	10
	16.3	推行办日常开具的整改项目完成率要达到 85% 以上	2
	16.4	有突出成绩的事项（如创意奖项），视情况加分	每项加 2 分

5. 素养

（1）素养的定义。

人人依规定行事，养成良好的习惯，如图 2-2-21 所示。

图 2-2-21 素养

（2）素养的目的。

提升"人的品质"，对任何工作都讲究认真。

（3）素养的要领。

素养是通过过程使员工养成按照规定做事的良好工作习惯，工作当中讲究礼节，与同事友好相处，真诚善意，轻松和谐，营造一个积极向上的氛围。通过组织大家做整理、整顿、清扫，达到清洁的效果，慢慢地去影响员工，特别是让员工养成一个按照规定做事的好习惯，提升员工素养是 7S 追求的终极目标。

推行素养是为了塑造一种严格遵守规定的文化。建立素养虽然过程复杂，但非常重要，如果前面几个"S"模块做得很好，但是行为习惯做不好，那么所谓的整理、整顿就不是日常化的，而是僵化的。通过宣导、比赛、检查以及环境、工作文化层面的活动，可以让员工对前面几个"S"模块所产生出来的有形成果，养成遵守被决定事项的习惯，进而提升整体推进落实的状态。一旦前面的几个"S"模块能够落实，自然地成为工作中的一部分，那么员工的品性、道德就会随之提升，达到人性化教育活动的目的。那具体如何做呢？

7S 标准化管理活动是一项连贯的活动，没有做好整理，整顿就不能有效地实施；没有整顿，清扫就无从谈起；清扫没有做，安全就没有保障；这些都做好了，才会有清洁的维护和标准化的产生。

制定各种共同遵守的管理制度时，一定要召开会议讨论审议，使制度代表大多数人的意见，再让全员理解，而不是张贴在公告栏中敷衍了事。

将制度要求进行图文并茂的优化，做成目视化的管理看板，有利于全员记住、传达和接受，比一张 A4 纸放在宣传栏或某个角落里所展现的效果要好百倍。

实施多样化的教育培训，培训是制度和文化传承的有效工具，培训不应限形式，要给别人新颖感，才能产生共鸣。平时的班前会、周例会、月例会容易使员工丧失新鲜感。因此，应在培训方式上进行创新，如运用视频、动画、情景模拟等，来激发员工的兴趣。

及时纠正与处理违反制度的人员，当发现有人违反规定的时候，要当场予以指正，情况严重要及时地进行通报并张贴公示，让大家知晓。在处理违规事件时，一定要果断，如果总是客气，就会让人马虎对待。这种心态一旦产生，便会迅速蔓延，不久大家便会对制度不再关心了。

开展各种积极向上的活动，充分利用各种机会，推进礼貌活动、自主改善活动、爱心活动、宣讲活动；当一个企业做好7S标准化管理活动时，员工会发现这些活动对自己的工作很有帮助，就会认同并且每天都会遵守，渐渐地工作就会变得轻松，而且效率也提高了，员工也会很出色。当上司觉得员工很优秀时，就会出现晋升等更多的机会，从而使员工能够掌握更多技能，具备更高的素养，逐步迈向成功。

6. 安全

（1）安全的定义。

安全是指清除事故隐患，排除险情，保障员工的人身安全，确保安全生产，如图2-2-22所示。

图 2-2-22 安全

（2）安全的目的。

创造对人、工程施工没有威胁的环境，避免安全事故和随之产生的灾害。

（3）安全的要领。

安全就是让员工按章操作，提高大家的安全意识，特别是通过风险预控等手段和方法强化现场安全，消除安全隐患，使员工在现场非常安心，能够有序地开展作业，不会有心理上的不适感和威胁感。实施要领如图 2-2-23 所示。

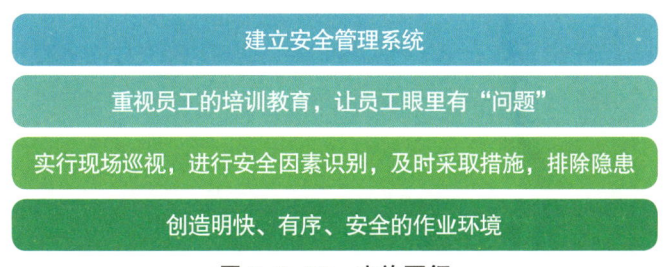

- 建立安全管理系统
- 重视员工的培训教育，让员工眼里有"问题"
- 实行现场巡视，进行安全因素识别，及时采取措施，排除隐患
- 创造明快、有序、安全的作业环境

图 2-2-23 实施要领

（4）安全的推行步骤。

步骤一，现场危害识别与风险控制。比如今天看了天气预报，所以没有淋成落汤鸡；今天出发前先检查了汽车的状况，所以半路没有出现问题；今天检修前先准备了一套配件，所以没有跑回班组重新拿。俗话说"预防重于治疗"，管理问题的预防者优于

解决者。

步骤二，企业危险源辨识与分类，具体如下。

1）物理性危险。

①设备缺陷，如稳定性差、外露的运动件，制动有缺陷等。

②防护缺陷，如无防护、装置缺陷、防护不当、支撑不当等。

③电危害，漏电、静电、带电部位裸露等。

④噪声危害，机械噪声、振动噪声、电磁噪声、流体噪声等。

⑤振动危害，机械振动、电磁振动等。

⑥运动物危害，固体抛射物、液体飞溅、反弹物、余屑飞等。

⑦高温及明火，造成高温的物质及高温气体、液体、固体等。

⑧粉尘，物料灰尘及水泥粉尘、加工产生的粉尘等。

⑨作业环境不良，设施下沉、布局不合理、安全通道不规范、采光照明不足、有害光照、空气质量不良、气温过高或过低、自然灾害等。

⑩信号缺失，如无信号提醒、信号位置不当、信号不清、信号不准确、不及时等。

⑪标志缺失，无标志、标志不清、标志不规范、位置不当等。

⑫其他物理性危险和危害等。

2）化学性危险。

①易燃易爆物质，易燃易爆气体、固体、液体、粉尘等。

②自燃性物质，硫黄、红磷、煤粉等。

③有毒物质，有毒气体、固体、液体、粉尘等。

④腐蚀性物质，腐蚀性气体、液体、固体、粉尘等。

⑤其他化学性危险和危害等。

3）生理性危险。

①员工负荷超限、体力超限、视力超限、听力超限等。

②健康状态异常等。

③心理异常，情绪异常、冒险心理、过度紧张、过度麻痹等。
④腐蚀性物质，腐蚀性气体、液体、固体、粉尘等。
⑤辨识功能缺陷，感知延迟、色盲、听力迟钝等。

4）行为性危险。

①指挥错误、指挥失误、违章指挥等。

②操作失误、误操作、违章作业等。

③监护失误等。

危险和危害辨识与控制示例如图 2-2-24 所示。

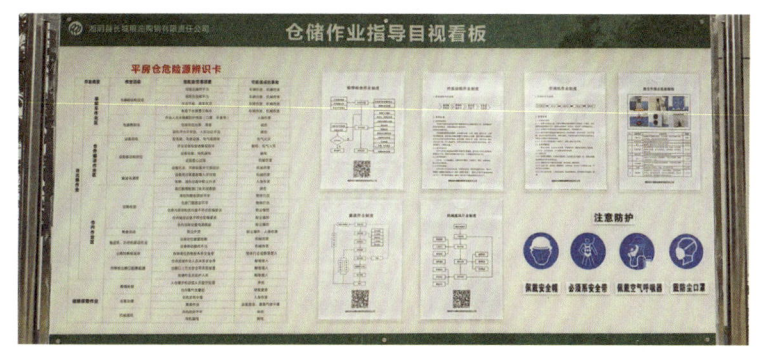

图 2-2-24　危险和危害辨识与控制示例

安全以预防为主，要消除危险、危害，应从根源上解决问题。清查所有在用的危害物并制作危害物清单，对识别的危害采取预防措施，即消除物的不安全状态、人的不安全行为、环境的不安全因素。危险源及危险因素识别控制如图 2-2-25 所示。

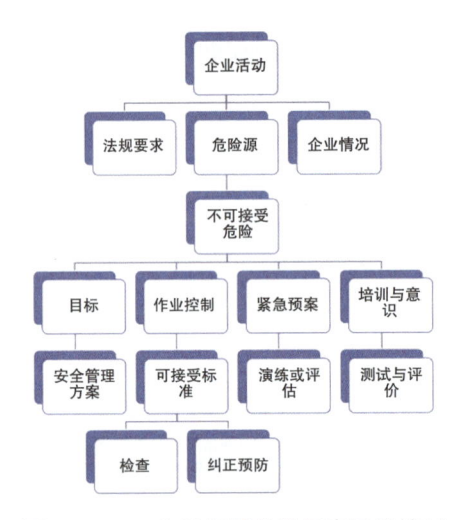

图 2-2-25　危险源及危险因素识别控制

步骤三，进行安全培训。海因里希（Heinrich）是美国的一名安全工程师，他在研究和调查了众多不同的公司、不同作业中发生的共 55 万件事故的数据后，提出了一个关于事故灾害概率的理论——海因里希法则，即在 1 起死亡或严重伤害事故背后，有 29 起轻微伤害事故；在 29 起轻伤事故背后，有 300 起无伤害虚惊事件，如图 2-2-26 所示。

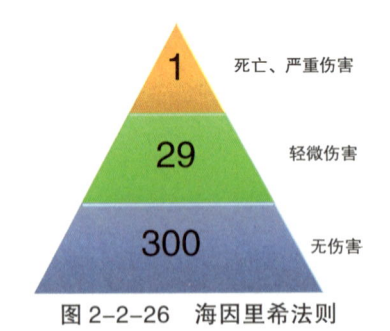

图 2-2-26　海因里希法则

海因里希法则告诉人们，从结果的角度看，当出现 29 个轻微事故时，必然会伴随一个重伤或死亡事故。从预防的角度看，要想减少严重伤害事件，必须减少那些轻微伤害的意外事件。只有减少了意外或轻伤事故，才可能同时减少重伤事故。

KYT 危险预知训练（Kiken Yochi Training），是一种通过小组讨论分析的形式，对危险性作业进行分析的模式。

KYT 讨论的内容是危险性作业，如多人抬重物、在湿滑的路面搬运东西、高空作业等。KYT 分析通过小组讨论确认某个作业过程中所有潜在的危险因素，并针对危险因素制定具体对策，设定小组作业行动目标，避免事故的发生。

KYT 危险预知训练的步骤如下。

准备：对有危险的作业现象及有可能引起的危险进行拍照，制作形象生动的教案。KYT 训练以班组为单位，每组 4~6 人，包括主持人、记录员、其他成员等。

KYT 危险预知训练四步法具体如下。

第一步，分析潜在的危险因素，针对议题，小组成员轮流分析，找出潜在的危险因素，并想象、预测可能出现的后果。

第二步，确认主要的危险因素，在所发现的潜在危险因素中找出主要危险因素，再从主要危险因素中找出重大危险因素。

第三步，收集候选对策，每个人针对主要危险因素提出具体、可实施的候选对策。

第四步，确定行动措施，充分讨论，在候选对策中选出最可行、最值得实施的对策。

最后把 KYT 危险预知训练四步法的结果归纳为 KYT 表，把经主管审批后的 KYT 表复印并发给相关人员。

7. 节约

（1）节约的定义。

合理地利用时间、空间、能源等各类资源，发挥其最大的效能，从而创造一个高效、物尽其用的工作场所。

（2）节约的目的。

建立高效的盈利系统，让企业具备更强的竞争力。

（3）节约的要领。

节约是全员通过参与精细化的管理，持续实施现场改善，降低各种损耗和浪费，点滴做起，积少成多，创造高效、环境友好的企业氛围。

节约就是对时间、空间、能源等方面合理利用，以发挥它们的最大效能，从而创造一个高效率、物尽其用、人尽其才的工作场所。节能降耗一直是企业发展的核心，节约要从每个人做起，不浪费一个物料，不乱丢一个零件，善待公物和设备，随手关掉水电等。节约使得能用的东西尽可能利用；以自己就是主人的心态对待企业的资源；切勿随意丢弃，丢弃前要思考其剩余使用价值。

节约是对整理工作的补充和指导，收起有用的物品，清理掉无用的垃圾，随时清理，既提高了工作效率，节约了时间，又减少了浪费，节约了企业成本。节约符合企业发展理念，"资源有限，循环无限"本身就是对资源的节约。同时，在平时工作中，人们更要有节约的意识，在日常办公中，随手关灯和关水龙头，白纸可以正反两面打印，电脑和空调在没人使用的时候要及时关掉；在生产过程中，及时维修漏水的管道和接头，散落在地面上的产品要及时回收，爱惜设备和劳保用品，仔细小心地进行物料转移，以免洒漏。节约是个人素养的体现。节约用水，节约用电，节约时间，符合低碳生活的标准。同时节约也是企业文化的核心，是企业凝聚力的象征，为企业节约就是为自己节约，为自己的家园节约。

节约是安全的保证。节约要求人们随时擦拭、保养设备，一个保养良好的设备可以延长使用寿命，节约采购设备成本，同时也可以减少生产事故，保证生产安全。如果没有养成节约的习惯，例如人走的时候没有关掉电器，也可能造成安全隐患。

　　节约也推动企业不断进行创新改革。节约成本和减少消耗是一个企业发展的根本，节能降耗是企业义不容辞的责任和义务，只有通过技术创新和生产改造才能不断地节能降耗。

学以致用：

　　结合你的现场实际情况，列一份"××区域7S改善整改计划表"（加上表单序号，留下提交地址，备注老师可以点评）。

▼情节六：

　　伍立通过第二节内容的学习，按照 7S 推行步骤执行，现场取得明显变化，员工都积极努力参与，渐渐感受到了 7S 给自己工作带来的便利，最值得一提的是，在公司最近一次的验收评比中，他们班组不但顺利通过考核，而且获得了第一名的好成绩。在颁奖仪式上，领导拍了拍伍立的肩膀，语重心长地说："你们班组取得了不错的成果，接下来就看你们如何维持了，最重要的是如何通过改善，让大家看得见现场管理的要求……"

　　伍立听完领导的期望，也在思考：对啊！听说最好的维持就是改善，后续要将工作重点放在目视化管理方面，刚得到的荣誉可得保持住啊！

? 困惑6 | 如何让现场的人、机、料、法、环的管理状态一目了然呢？

第三节 现场人、机、料、法、环的目视化管理

> **管理核心思想理念六**
>
> 管理让人看得见——目视化是现场管理的眼睛。

一、目视化管理定义

据统计，人类意识的70%是从"视觉"的感知开始的，目视化管理是利用形象直观、色彩适宜的各种视觉感知信息，从而使人、机、料、法、环的状态一目了然，便于组织现场生产活动，达到提高劳动生产率目的的一种管理手段，主要表现为以下四点。

①采用标示、标识、颜色等为基本手段，大家都能看得见。

②将隐蔽、难以注意的异常显现出来，使大家关注。

③以公开化、透明化为基本原则，尽可能地让大家看得见管理要求，借以推动自主管理、自主控制。

④将地域特点、企业文化、产品技术、核心价值等，进行系统梳理、价值视觉化设计，体现企业的实力、价值。

目视化管理是一种以公开化和视觉显示为特征的管理方式，亦可称为"看得见的管理"和"一目了然的管理"，这种管理方式可以贯穿整个改善管理过程。

二、目视化的三境界

"看得见"的要点：物必有区、有区必挂牌、有牌必分类、有类必有账、有账必一致；"看得清"的要点：资讯共有化、要求精准化、问题显现化、改善明晰化；"看得爽"的要点：一目了然、一见钟情、一步惊心、一触即发。三境界的关系如图2-3-1所示。

看得见
有物必有区
有区必挂牌
有牌必分类
有类必有账
有账必一致

01 → 02

看得清
资讯共有化
要求精准化
问题显现化
改善明晰化

看得爽
一目了然
一见钟情
一步惊心
一触即发

03

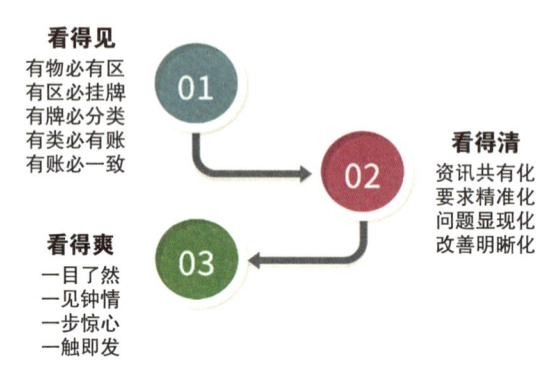

图2-3-1 目视化三境界的关系

三、目视化管理作用

目视化管理能够把现场潜在的大多数隐患显现化，变成无论谁一看都明白的事实。

迅速快捷传递信息：目视化管理依据人类的生理特性，充分利用信号灯、标示牌、符号、颜色等方式发出视觉信号，鲜明准确刺激神经末梢，快速传递信息。

形象直观地将潜在问题和浪费显现出来：目视化管理能将潜在问题和浪费形象直观地显现出来。不管你是新人还是其他部门的员工，一看就懂，一看就会明白问题所在，这是它的独到之处。

客观、公正、透明化：有利于统一认识，提高士气，上下一心去完成工作。

促进企业文化的形成和建立：目视化管理通过看板展示员工的合理化建议、优秀事迹和先进人物表彰、公开讨论栏、关怀温情专栏、企业宗旨方向、远景规划等健康向上的内容，使全员形成较强的凝聚力和向心力，建立优秀的企业文化。

四、目视化管理要点

实施目视化管理的重点如图 2-3-2 所示，要做到以下几点：能够判断正常与否；容易判断，精度高，节约计算和判断时间；无论是谁去判断，结果都一样；有"看得见"的预防性管理，出现异常时，有尽快恢复正常状态的管理方法。

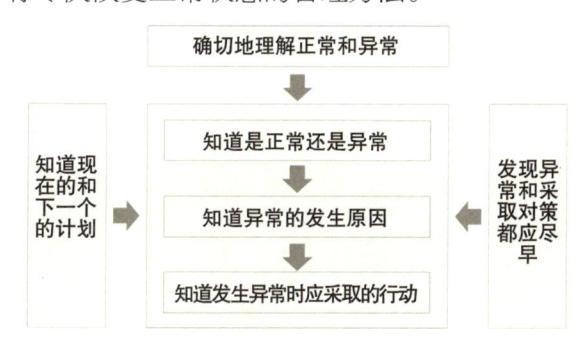

图 2-3-2 实施目视化管理的重点

（1）确切地理解正常和异常。

正常是指按原定计划（目标）取得了实际成果；异常是指实际成果没有达到计划（目标）。

（2）知道是正常还是异常。

用眼就可以看出目前的情况是正常还是异常。

（3）知道异常的发生原因。

发生异常时，一看就知道是什么问题导致的。

（4）知道发生异常时应采取的行动。

一看就知道异常发生时采取了怎样的行动。

（5）发现异常和采取对策都应尽早。

异常要求快速闭环管理。

（6）知道现在的和下一个的计划。

如果是生产现场的日程、进度管理，还应知道现在的安排和下一个的安排；如果是部门的行动管理，应知道周和月的计划。

五、目视化检查评价

目视化管理的检查评价，主要通过企业级定期评比、推进办公室评比、部门和班组的自主检查。通过定期检查、评比、表彰，引导班组成员自主发现问题、持续改善。目视化管理检查清单如表 2-3-1 所示。

表 2-3-1　目视化管理检查清单

	检查项目	十分清楚 10	清楚 8	一般 6	不太清楚 4	完全不清楚 2	手段·方法
整理整顿	①是否知道废弃物放置场所						设置必要容器
	②是否知道通道、车间、半成品摆放场所						标明通道、生产区域、半成品摆放场所
	③是否知道吸烟、休息场所						制定场所标识
计划进度管理	①是否知道相对于计划是否有延误						计划表、进度曲线图
	②是否知道目前的生产实绩						管理看板（或 LED 屏）
	③是否知道当天相对于标准计划的进度情况						管理看板（或 LED 屏）
	④是否知道明天的计划						管理看板（或 LED 屏）

续表

检查项目		十分清楚 10	清楚 8	一般 6	不太清楚 4	完全不清楚 2	手段·方法
品质管理	①是否知道昨天的不良品数量、不良率						品质指标推移图
	②是否知道以前的每月品质损失金额、不良率						品质指标推移图
	③是否知道不良项目和原因						分析图、曲线图
	④是否知道目前不良品数量						设置不良品摆放场所
物料管理	①是否知道各种材料、部件、半成品在哪里、有多少						摆放场所的明确化，记录品名、区分颜色
	②是否知道某种产品在哪里、有多少						摆放场所的明确化，记录品名、区分颜色
	③是否知道材料、零件、半成品库存量的过多、正常、过少情况						在宣传栏上公布
操作管理	①操作是否按标准进行						作业指导书
	②是否知道操作、工程、机械设备的异常，及异常的发生情况						在宣传栏公布，状态警示灯、状态牌
	③是否知道周期时间						作业指导书
人员管理	①是否知道生产人员的配置						管理看板（或LED屏）
	②是否知道考勤情况						管理看板（或LED屏）
	③是否知道人员的过量或不足						管理看板（或LED屏）
	④是否知道外出的去向、支援的去向						管理看板（或LED屏）
设备工具管理	①治具、工具、测定器放在哪里，有多少						明确摆放场所
	②治具、工具、测定器是否处于保全状态						检查清单
	③是否知道设备的保全状态						检查清单
合计							
备注：						总分：	

六、目视化色彩管理

生产现场一般会用红色、黄色、绿色、白色这四种颜色传递安全信息，在满足安全色应用规范要求的前提下，在不同应用场景选择不同的色彩。颜色运用如表 2-3-2 所示。

表 2-3-2　颜色运用

颜色	实例	应用场景
红色		应用于各种禁止标志、转动部位防护罩、交通禁令标志、消防设施标志、高温/高压区域画线、机械的停止、急停按钮标志、报废区域等
黄色		应用于各种警示标志、通道边线、防踏空画线、区域画线等
绿色		应用于各种提示标志、厂房的安全通道、机械启动按钮等
白色		应用于厂区道路画线

七、目视化管理在生产现场中的运用要点

（1）办公环境目视化。

目视化管理要点：办公室的规划要求标识简单清晰、一目了然，色彩搭配清新活跃，给工作人员一种轻松、自然、温馨的感受，办公环境目视化如图 2-3-3 所示。

图 2-3-3　办公环境目视化

（2）生产信息目视化。

目视化管理要点：计划进度管理、品质管理、作业管理、产品或在制品管理、设备管理、工具管理、改善目标等目视化管理，生产管理信息目视化如图 2-3-4 所示。

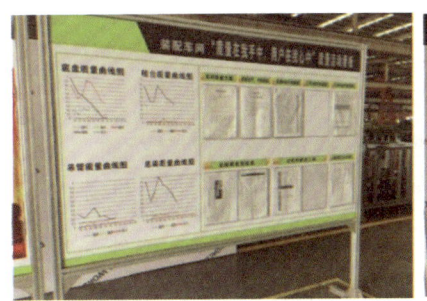

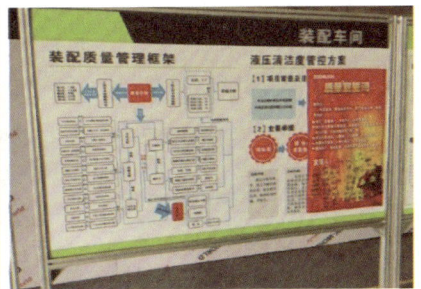

图 2-3-4　生产管理信息目视化

（3）人员的目视化管理。

目的是在管理过程中充分注意人的要素，充分挖掘人的潜能，调动全体员工的创新积极性，实现员工和企业共同成长。人员目视化管理要点：班组员工活力、人员的着装、行为规范、作业技能、企业文化等进行目视化，人员目视化如图 2-3-5 所示。

图 2-3-5　人员目视化

（4）设备的目视化管理。

目的是保障设备安全生产，提升生产效率，保障产品质量，降低设备维护成本，提升设备使用寿命。

1）整体规划。

进行跑、冒、滴、漏治理，减少污染源与危险源；区域划分清晰（如设备警示区、作业区、物料区、半成品或成品区、工具区等），设备区域整体规划如图 2-3-6 所示。

图 2-3-6　设备区域整体规划

2）目视化管理要点。

设备主要参数、作业指导书、点检标准、点检表、参数可视化、工具物品定置管理、设备风险部位等目视化管理，设备目视化如图 2-3-7 所示。

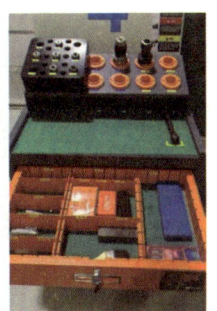

图 2-3-7　设备目视化

（5）物料的目视化管理。

物料的目视化管理的目的是把握材料、备品备件、半成品、成品的所在区域和数量；在保持品质的同时及时地提供给生产现场或下道工序；确保物料安全可靠，并提高取放效率。

1）整体规划。

梳理物流线路，按类别、功能划分区域（如待验收区、不合格品区、大件区/地面平面区、货架区等），仓库目视化如图2-3-8所示。

图 2-3-8　仓库目视化

2）目视化管理要点。

各区域标识清晰，明确责任人；不合格物资应明确标识，隔离放置；货架物资按"四号（库号、架号、层号、位号）"原则定位和标示；制作仓库布局图、货架标牌、物料标牌等，货架目视化如图2-3-9所示。

图 2-3-9　货架目视化

（6）工艺的目视化管理。

目的是方便员工学习掌握作业要求，无论是谁作业或点检判断，结果都不会因人而异。

1）目视化管理要点。

作业流程图、作业指导书等目视化管理，如图 2-3-10、图 2-3-11 所示。

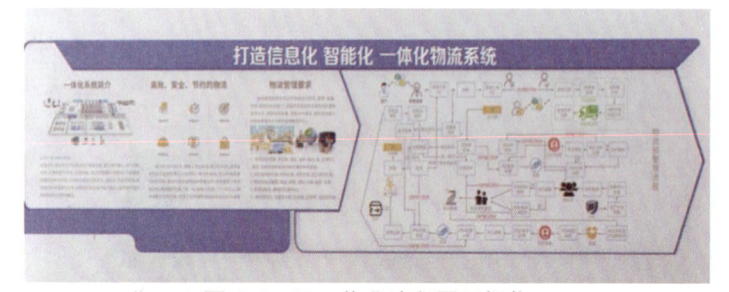

图 2-3-10　作业流程图目视化

图 2-3-11　作业指导书目视化

2）标识标牌应用。

在仪表控制及指示装置上标注控制按钮、开关、显示仪的名称；对于照明、通风、报警等的电气按钮、开关都应标注控制对象。工艺、设备附属压力表、温度表、液位计等指示仪表应标识出正常工作范围，指示仪表参数可视化如图 2-3-12 所示。

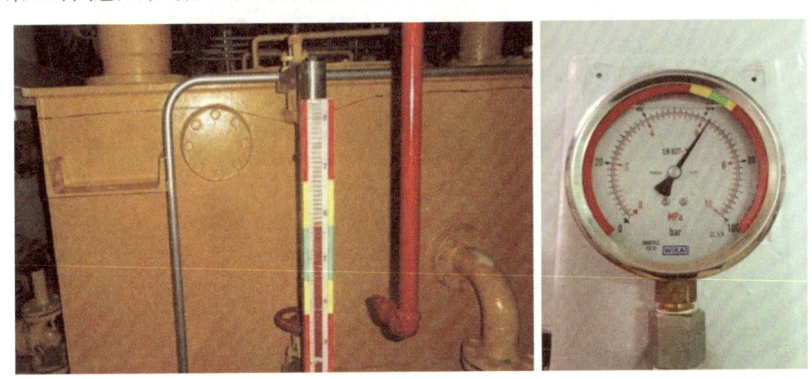

图 2-3-12　指示仪表参数可视化

（7）工具的目视化管理。

目的是提升工具取放效率，降低因管理不善造成的工具损坏、遗失、资金浪费等；即使是新员工，也能够马上准确无误地拿到所需要的工具、用具；能提高作业效率、缩短程序时间、加速设备保养、提高品质。

1）放置场所。

将工具分类管理，如加工用、维护用、清洁用；根据使用频次确定存放区域，使用频繁、专用度高的工具放在使用场所的附近保管；公用工具放在生产区域保管；可以使用工具车来提高效率。

2）放置方法。

放置方法应该遵循方便拿取和归还的原则；根据工具形状、重量、数量、使用频次制作相应的工具墙、工具车、工具柜，采用悬挂、插放等方法定置，工具管理目视化如图 2-3-13 所示。

图 2-3-13 工具管理目视化

3）目视化要点。

各工具区域要有区域牌，工具有名称和定置标识，必要时使用图片进行定置管理，如图 2-3-14 所示。

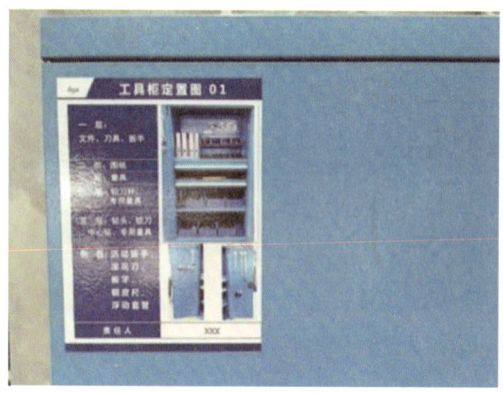

图 2-3-14 图片定置

◆ **本章小结** ◆

　　本章围绕如何营造有核心竞争力的生产环境和现场力 7S 的概念、目的进行阐述，根据班组的实际情况，结合实际案例就 7 个"S"如何开展工作进行详细讲述。本章的另一个重点内容是目视化管理，目视化管理是一种以公开化和视觉显示为特征的管理方式，学好本章的内容可以很好地运用现场力规范化有序管理班组现场人、机、料、法、环五大要素，提升员工的职业素养能力。

学以致用：

设计一块"班组管理看板"或"××设备自主维护点检表"。

03
CHAPTER

凝聚力

打造凝心聚力、锐意进取的员工团队

第三章

[班组凝聚力就是打造凝心聚力、锐意进取的员工团队,运用有效的沟通建立良好的工作关系,运用正确的指导方法对班组成员进行人才培养,达成团队融合及人心凝聚的能力。]

▼ **情节七：**

　　伍立通过第二章内容的学习，现场整体管理水平得到了提升，包括物料摆放、现场环境、作业标准、设备维护保养等都有了不小的进步。可是伍立发现，班组中总有个别员工游离在团队之外，做事拖拉，有时用负面情绪影响其他员工。刚开始，伍立想用自己的行为带动大家的热情。渐渐地他发现，越是这样，其他的员工越是不努力干活，对他产生了依赖，而他越来越累。

困惑7　到底是一个人拼命干，还是团队每个人共同努力好呢？

第一节 凝聚力在班组管理中的重要性

> **管理核心思想理念七**
>
> 团队目标——需要每位成员的共同努力。

俗话说"兄弟同心,其利断金",一个班组或团队凝聚力强,将会激发超强的战斗力。

在非洲的草原上如果见到羚羊在奔跑,那一定是狮子来了;如果见到狮子在躲避,那就是象群发怒了;如果见到狮子和大象集体逃命的壮观景象,那是蚂蚁军团来了。

从这个古老的寓言中可以得到以下启示。

①蚂蚁是何等的渺小微弱,任何人都可以随意处置它,但蚂蚁的团队,就连兽中之王也要退避三舍。

②个体弱小没有关系,与伙伴精诚协作,就能变成"巨人"。

③蚂蚁的精神值得人们铭记学习。蚂蚁是最勤劳、最勇敢、最无私、最有团队精神的动物。势不可当,团结奋进,无坚不摧——这就是由一群弱小生命构成的团队力量!

④蚂蚁只是小小的动物,其团队尚且如此威猛无敌,作为万物之灵的人类呢?

一、凝聚力的价值

凝聚力是团队的灵魂、根本和核心,那什么才是团队?

二、什么是团队

团队是一个由员工和管理层组成的共同体,团队成员彼此会存在不同和矛盾,但大家有一个共同的目标,团队成员互相信任、互相支持,能够公开表达自己的感受,做到信息资源共享,能够很好地解决矛盾,合理利用每一个成员的知识和技能协同工作、解决问题,达成共同的目标。

三、优秀团队的特质

优秀的团队具有目标一致、口径一致、行动一致的特质。

在现实的班组管理中,团队凝聚力不强源自管理氛围,而班组长作为班组团队的管理者是第一责任人。

班组长作为基层管理者,不能训练好员工就没有过硬的员工队伍;不能计划和表达就不能理清思路和高效工作;不能总结和汇报就难于将员工成就及时反映。

▼情节八：

　　伍立通过第一节内容的学习，明白了好的团队要"目标一致、口径一致、行动一致"。可是，班组内经常有员工不按标准作业，不遵守安全规定，上班迟到或不愿意加班，还出现了员工间关系不和谐等情况，这些都严重影响团队氛围和士气。"这样下去可不行！"伍立想。

> **困惑8** ｜ 如何让班组成员达成团队融合，形成凝聚力呢？

第二节 如何达成班组成员的团队融合

> **管理核心思想理念八**
>
> 尊重部属的个人差异，设身处地为部属考虑。

良好的工作关系是班组团队成员团队融合的基础，工作关系是一种能够理解他人、充分考虑情景、与部属一起心情愉快地工作的技能，有助于协调人与人之间的关系，使部属可以同心协力配合主管工作，预防职场人际关系纠纷，即使发生了也能很好地处理。

有凝聚力的人际关系能使班组内部和睦共处、相互包容、富有团队精神，有利于提升班组作业能力。

班组成员的相互信任、相互尊重、团结、亲密，能够提高工作积极性、工作绩效，也易于良好地解决人际关系方面的问题。

一、建立良好工作关系的要诀

班组长要告诉部属工作情形如何，明确部属应该如何去做，指导部属如何做得更好；部属表现好时要及时表扬，注意发现与平时不同的出色表现，应趁热打铁激励部属继续努力；对部属有影响的变动要事先通知，应该尽量说明变动的原因，设法使部属接受变动；充分发挥部属的能力，积极挖掘部属的潜在能力，绝不妨碍部属的发展前途。

二、尊重部属的个人差异，设身处地为部属考虑

每个人的经历、健康、家庭、兴趣、性格等情况都是不同的，需求和关注点也不同，只有真正了解了部属的需求和关注点并"对症下药"，才能真正地解决部属的问题。

如何才能真正地了解他的需求和关注点？班组长需要对部属的个人、家庭、爱好等方面有一个全面的了解，你就需要有一本心谱（见图 3-2-1）。

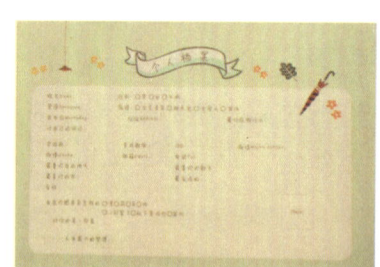

◆ 生日？阴历？阳历？
◆ 出生地？常驻地？
◆ 独生？兄弟姐妹几个？排行老几？
◆ 男女朋友？老婆老公？孩子几个？教育情况？
◆ 毕业院校？专业？
◆ 篮球？足球？羽毛球？跑步？
◆ 游戏？逛街？电影？网购？追星？旅游？
◆ 历史？文学？地理？科幻？美术？音乐？
◆ 辣？清淡？海鲜？土豆？鱼？小龙虾？火锅？
◆ 牛排？比萨？寿司？兔头？牛肉？串串？丝娃娃？
◆ 羊肉粉？酸汤？喝酒？喝茶？咖啡？水果？
◆ ……

图 3-2-1　心谱

想让别人为自己做些什么，那就应先为别人做一些事。平时多观察每一位员工的工作状态，无论是谁，都因各种原因（环境、经历、健康、兴趣、收入、朋友关系等）而变得相同。即使是同一个人，每天的心情及身体状况也会有所不同，就会产生工作状态的差异。

如果上司不区分每个人的个性，一视同仁地对待部属，部属的心情会好吗？按照"十人十个样"的道理，班组长在对待部属的时候必须既要考虑当时的条件，又要尊重部属的个人差异，要设身处地为部属考虑。

三、赞美的力量：什么才是好的赞美

建立良好人际关系的第二条要诀是：员工表现好时要及时表扬。当员工有一点点进步时，要及时给予表扬，因为发现别人的优点实际上就等于肯定自我，说明你谦虚好学。

表扬和赞美能够激发员工的荣誉感、潜能和执行力。美国前总统林肯曾经说过："每个人的内心深处最深切的渴望是得到别人的赞美。"著名作家马克·吐温说："我可以凭着别人的赞赏愉快地生活两到三个月。"这就是赞美的力量。

职场中常见的赞美障碍如下（见图3-2-2）。

职场中常见的赞美障碍

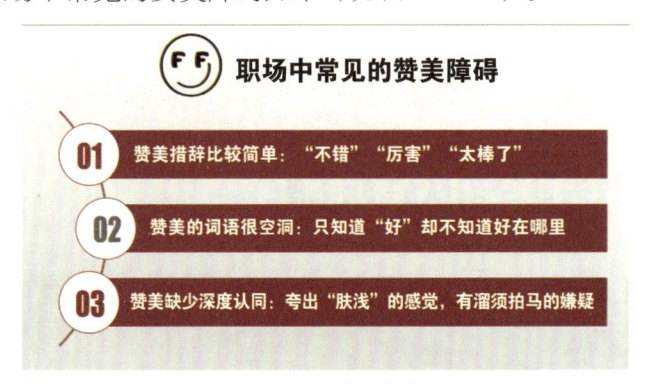

- **01** 赞美措辞比较简单："不错""厉害""太棒了"
- **02** 赞美的词语很空洞：只知道"好"却不知道好在哪里
- **03** 赞美缺少深度认同：夸出"肤浅"的感觉，有溜须拍马的嫌疑

图3-2-2　平时夸人的用词

什么才是好的赞美呢？案例如图3-2-3所示。

什么是好的职场赞美话术

| 你的微课讲得真棒！ | 升级后 | 你今天的微课很实用，内容都是干货，我做了很多笔记，回去就想马上用起来。我也是一名培训师，我觉得你的课讲得比我好。 |

图3-2-3　赞美的案例

以上两种赞美的方法，哪种更好呢？显然是第二种，因为赞美的方法很真诚，"三要素真诚赞美法"如下。

公式：感受（我觉得）+ 事实（我看到）+ 对比

（1）感受：说出对方带给自己的感受。

举例：①你最近的表现太棒了。

②我非常羡慕你的文笔。

（2）事实：指出自己感受的事实依据。

举例：①你这次业绩又是班组第一。

②你每次的工作报告都被领导表扬。

（3）对比：和他/她的过去比或和自己比。

举例：①你比刚来单位的时候真的进步很多。

②我工作这么多年都没有达到你的水平。

四、有效沟通是团队的润滑剂

信任是产生凝聚力的基石，沟通的本质就是建立信任和信赖的工作关系。

良好的沟通是一个人事业成功的重要因素，只有与他人良好地沟通，才能为他人所理解，得到必要的信息，获得他人的鼎力相助。

现实工作生活中很大一部分损失和误会源自沟通。企业被解雇的职员中，因人际沟通不良导致工作不称职者占很大一部分，因此，有效的沟通可以避免不必要的损失。

1. 沟通的特点（见图 3-2-4）

沟通是双向的，有传递，也有反馈。

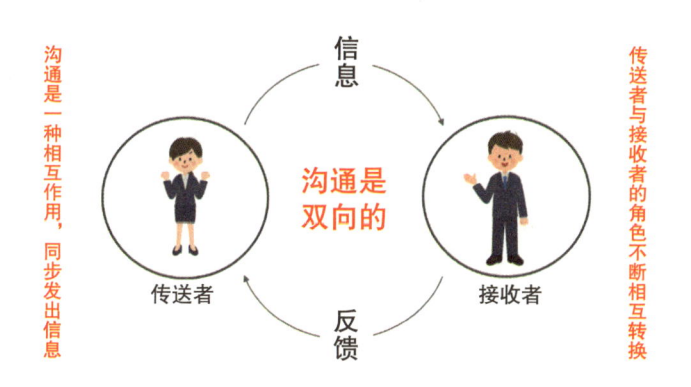

图 3-2-4 沟通的特点

2. 有效沟通的标准（见图 3-2-5）

沟通对象能够 100% 理解你所表达的信息，并能 100% 完成你所下达的任务或目标。

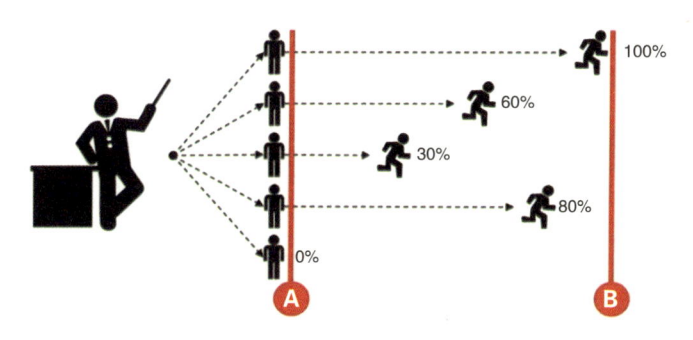

图 3-2-5 有效沟通的标准

3. 沟通表达的核心

怎么说比说什么重要，良好的倾听激发别人说话的欲望，倾听时有以下反馈能够促进有效沟通。

①点头 + 微笑 + 记录。

②促进反应——简短的语言词汇。

③确认信息。

（1）说与听的效果。

①说话的效果由说者控制，但由听者决定。

②改变说的方法，才有机会改变听的效果。

③沟通的意义完全取决于对方的回应。

（2）理想的表达方式（见表 3-2-1）。

表 3-2-1　理想的表达方式

基准	要点	注意事项
理解他人	注意他人心态； 考虑他人的性格； 使其心情轻松； 不使他人感到压力、不安与紧张； 有使他人了解的心理准备； 保持和谐气氛，不要只顾表达自己的意见	为引发他人的兴趣及关心 不要使他人产生防卫的心理； 须表达热情与诚意； 不要情绪化； 须符合他人的理解程度
掌握适当时机	考虑正式探讨主题的适当时机； 话题内容不宜操之过急	
措辞适当	不使用晦涩难懂的言辞； 配合问题性质及当时的状况进行沟通； 措辞内容须段落分明； 语调不宜过急	避免语意双关的言辞； 不宜涉及不必要的理论言辞； 不用不符合他人程度的言辞； 避免语焉不详； 结尾明确
目的状况	目的及目标均须明确； 须简洁适度； 有明确的层次及要点 具体表示必要程度	应状况之需，可加入经验之谈； 表达方式力求客观； 事实与意见须有区别
其他	确定及预估他人可能会产生的反应； 留给他人发问时间	适当运用表情及手势

（3）理想的倾听方式（见表 3-2-2）。

表 3-2-2 理想的倾听方式

基准	要点	注意事项
理解他人	态度要亲切； 毫无拘束心态； 全神贯注倾听他人语意； 尊重他人的人格； 努力维护他人的立场； 控制本身的感情	积极表示关心； 尽量消除主观意识； 不要一味坚持个人立场； 努力于了解他人的心理； 避免感情用事
适当的倾听方式	注意言辞的真义及弦外之音； 努力掌握话中要点与条理； 发问时须适时适当； 不明了时须予以确定	不可喋喋不休抢话说； 态度谨慎，不宜戏谑嘲弄； 尽量不夹杂批判及否定的言辞； 不宜贸然断定是非
其他	需要时，可采取"随声应和"的方式； 需要时，可夹杂幽默的语气	不可中途打断他人的话题

4. 如何与上级沟通

在一般人看来，上下级关系比较难处理，其过失不在部下，而在上司，作为部下几乎是没有责任的。其实不然，在上下级的关系中，虽然上级占据主动权，但部下也能在一定程度上影响上司。

（1）了解上级的需求及对应的沟通行为（见图 3-2-6）。

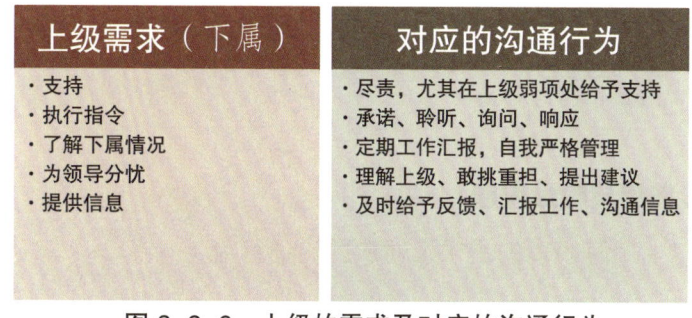

上级需求（下属）	对应的沟通行为
·支持 ·执行指令 ·了解下属情况 ·为领导分忧 ·提供信息	·尽责，尤其在上级弱项处给予支持 ·承诺、聆听、询问、响应 ·定期工作汇报，自我严格管理 ·理解上级、敢挑重担、提出建议 ·及时给予反馈、汇报工作、沟通信息

图 3-2-6 上级的需求及对应的沟通行为

（2）对待上级的七条建议。

①毫无怨言地接受任务——与上级同心。

②主动报告工作进度——让上级放心。

③对上级的询问有问必答——让上级知心。

④接受批评，不犯同样错误——让上级省心。

⑤充实自己，努力学习，分担上级压力——让上级称心。

⑥不忙的时候，主动帮助同事——让上级动心。

⑦对自己的工作主动提出改善计划——让上级喜出望外。

（3）被上级错怪怎么办（见图3-2-7）。

不当面争　不委曲求全　不背后说　**给下属作表率**

图3-2-7　被上级错怪怎么办

5. 如何面对上级的批评

①批评是领导在履行职责。

②进行换位思考。

③不要过于计较领导的批评方式。

④不可推卸责任。

⑤知错即改。

6. 如何与同级沟通

（1）了解同事的需求及对应的沟通行为（见图3-2-8）。

同事的需求	对应的沟通行为
·尊重 ·合作 ·帮助 ·理解	·多倾听并重视对方意见，不背后议论 ·承诺、聆听、询问、响应 ·给予支持 ·宽容、豁达

图 3-2-8　同事的需求及对应的沟通行为

（2）与同事沟通的要点。

①尊重"对方的权益"。

②平等互利，友好协商。

③多谅解，不要让对方吃亏。

④抓住时机，掌握火候。

⑤事前打招呼。

⑥重视非正式组织的影响。

7. 如何与下属沟通

成功的管理人员无论在什么情况下都可以请别人帮忙，或与别人合力完成工作。通常他们成功的地方，在于能够掌握良好的沟通技巧。

（1）了解下属的需求及对应的沟通行为（见图 3-2-9）。

下属需要（上级）	对应的沟通行为
·关心 ·支持 ·指导 ·理解 ·得到指令 ·及时的反馈 ·给予协调	·主动询问、问候，了解需求与困难 ·帮助解决问题，给予认可、信任，给予精神、物质帮助 ·诱导、反馈、考核、在职辅导、培训 ·倾听、让下属倾诉 ·清楚的指令、不多头领导、健全沟通渠道 ·定期给下属工作上的反馈 ·沟通、协调、解决冲突

图 3-2-9　下属的需求及对应的沟通行为

（2）面对下属时不能说的话。

①要做就做，不做就走。

②你怎么这么蠢（笨），教多少遍了还不会。

③走了你一个，公司照样转。

④你不要以为你有什么了不起。

⑤叫你这样做，你偏偏不这样做，你是不是有意刁难。

⑥我就是看你不顺眼又怎样（下属误解上级的情况下）。

⑦这个人我教不了，你来教吧。

（3）如何处理下属的抗拒——处理抗拒的步骤。

①稳定情绪；

②说出他的抗拒；

③说出他的感受；

④建立一致意见的基础（说3~5个他必须说"是"的话）；

⑤找出潜伏的理由；

⑥共同找出解决方法。

学以致用：

赞美一位你最想表扬的人（留下提交地址，备注老师可以点评）。

凝聚力
——打造凝心聚力、锐意进取的员工团队

▼情节九：

　　伍立通过第二节内容的学习，明白了建立良好人际关系的要诀，学会发现员工的优点并及时给予表扬，以及在工作中如何有效沟通。最近，班组新进两位员工，伍立每天的工作重点又增加了一项：指导两位新员工，帮助他们快速地胜任岗位。一个月过去了，两位的技能掌握程度却不尽人意。不仅如此，班组有些正式员工也在工作中出错，出现损坏设备、工作迟缓、作业不达标的情况。这不禁让伍立苦恼起来。

? 困惑 9 | 如何指导员工才能让他们轻松、简单、有效掌握岗位关键技能呢？

第三节 如何做好员工的工作教导

> **管理核心思想理念九**
>
> 员工没有掌握,是管理者没有教好。

管理工作如果没有以教育的方式导入,那么必然无法推动,也无法持续下去。现场发生的问题,90%来自心态,10%来自知识。所以,要解决问题,最基本、最有效的方法是从心态、意识的改造做起。

无论哪里的车间,都会产生许多由质量、生产经费(成本)、交货期等不良影响带来的问题,举例如下。

①不遵守正确的工作方法。

②工作质量未达到标准。

③迟到。

④常有做错的现象。

⑤毁坏工具及设备。

⑥废品及返工过多。

⑦发生工伤。

⑧没有正确地使用安全装置。

⑨通道和车间塞满了物品。

⑩员工对工作不感兴趣。

⑪员工工作偷工减料。
⑫辅助器具及计测器的使用方法不当。
⑬浪费消耗品。
⑭员工不稳定，经常流失。
⑮工作无计划性。
⑯对客人的接待不好。

对于下属来讲，"不了解工作""知识不足"或"不能胜任工作""技能不够"等是不是发生问题的主要原因呢？

遇到这种情况，班组长若能用正确的指导方法重新将工作方法教给下属的话，那么很多问题都能够消除。通过工作教导这种形式找出问题，就能发现培训员工的要点。

一、工作教导的学习目的和目标

掌握工作教导的技能，可以明显缩短从新手到老手的训练时间，还会大大减少这个过程中所产生的浪费，减少安全事故、工具和设备的损坏及客户的投诉，从而有效提升工作效率和工作质量等。

（1）需要训练的人员类型（见图 3-3-1）。

第一类 新员工	第二类 在职员工	第三类 其他原因
·初次就业 ·初次接触本行业 ·理应需要训练	·提升 ·变动 ·职务变更 ·作业方法变更 ·作业标准变更 ·设备、工艺更新 ·随时学习新技能	·经验不足 ·工作迟缓等 ·需要加强技能训练

图 3-3-1 需要训练的人员类型

（2）训练教导下属时的困惑（见图 3-3-2）。

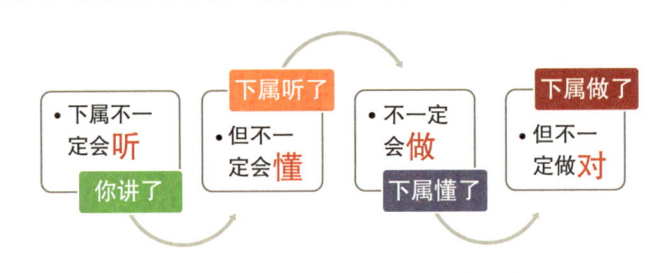

- 下属不一定会**听**
  你讲了
- 但不一定会**懂**
  下属听了
- 不一定会**做**
  下属懂了
- 但不一定做**对**
  下属做了

图 3-3-2　训练教导下属时的困惑

（3）员工工作教导的方向和理念。

通过教导让员工真正地理解和领会，一次做对；如果员工没有掌握，不是员工的问题，而是教导者没有教好。

二、工作教导四步法

1. 教导前的四项准备

（1）制作训练预定计划表（技能盘点）。

①岗位技能盘点：梳理班组各岗位必备技能情况提供培训依据。

②员工技能盘点：根据岗位技能盘点情况，评估员工技能掌握情况，制订针对性培训计划。

③技能盘点表（见图 3-3-3）。

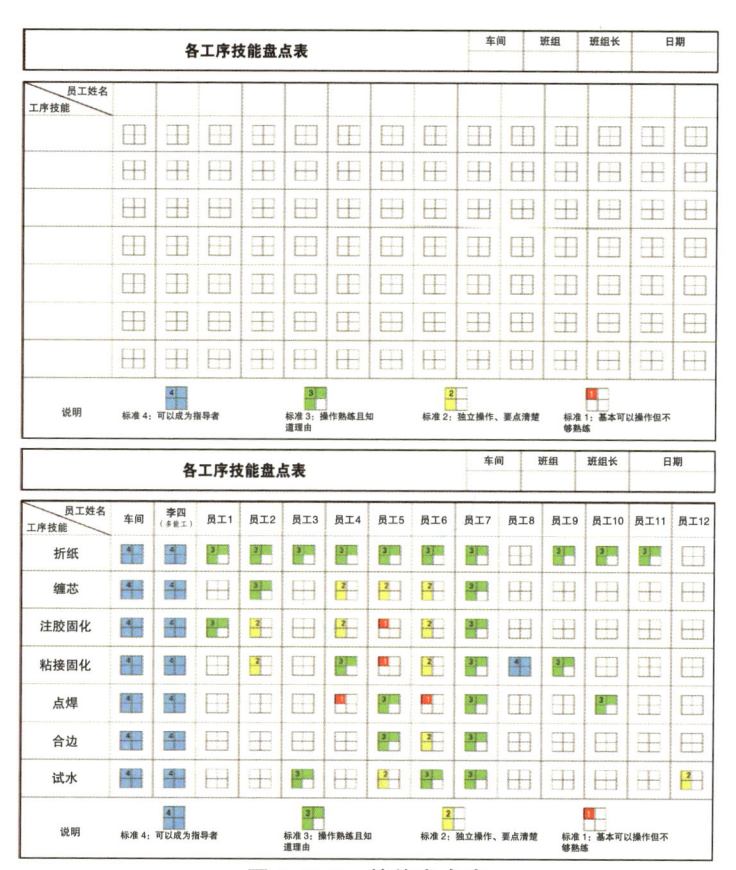

图 3-3-3 技能盘点表

④员工技能训练计划表（见图3-3-4）。

序号	工种技能	作业分解编号	员工姓名											生产变化
			张三	李四	王五	赵六	xx	xx	xx	xx	xx	xx	xx	
1														
2														
3														
4														
5														
6														
7														
8														
9														
10														
人事变动作业状况														

说明：4-可以成为指导者 3-操作熟练且知道理由 2-独立操作、要点清楚 1-基本可以操作但不够熟练

人事变动：辞退、离职、晋升、轮换岗等
作业状况：作业失误多，作业不够稳定，容易受伤，设备工具损坏等
生产变化：对应生产进度增产、新产品、新技术引进等

倍捻挡车工技能训练计划表

制表人：王班长　　　班组：××车间甲班　　　制定时间：2022.6.1

工种技能	作业分解编号	员工姓名							生产变化
		员工1	员工2	员工3	员工4	员工5	员工6	员工7	
区分左右捻	D04	4	4	4	4	4	2		
手上打结			4	4	2			1 6月15日	6月下旬须增加1人
机上打结			4	4	4	3	2		
上丝穿头	D02		4	4	4 6月3日	3			
接断头	D01	4	2 6月20日	3	2	2	2		
人事变动作业状况				预订6月30日调车间	偶尔出错			新人	

说明：4-可以成为指导者 3-操作熟练且知道理由 2-独立操作、要点清楚 1-基本可以操作但不够熟练

人事变动：辞退、离职、晋升、轮换岗等
作业状况：作业失误多，作业不够稳定，容易受伤，设备工具损坏等
生产变化：对应生产进度增产、新产品、新技术引进等

图3-3-4　员工技能训练计划表

（2）对工作进行分解。

1）要求。

①正确找出作业中的每个关键步骤。

A.必须在实际中边作业边决定。

·现在所做的是作业主要程序、段落吗？

·做了什么事情？

·这是不是一个主要步骤？

B.用动词＋名词表述。

C. 用正确、简洁、具体的语言，方便指导时语言和动作一致。
②正确找出每个步骤中的操作要点。
A. 什么是要点？
・完成主要步骤必须遵守的关键动作、手段和方法。
・某些诀窍、巧妙的手法、独特的知识能使工作容易完成。
B. 应考虑下列 3 个条件。
・成败——有没有影响工作质量成败的事项？
・安全——有没有使员工面临危险的安全事项？
・易做——有没有方便易行的事项？
C. 简单明了，要点和理由清晰，便于学员掌握和自己记忆。
③阐明每个要点的理由。
2）目的。
①把自己的经验有条不紊地整理后再进行指导。
②指导更有条理，对关键、重要和应注意的地方更清楚。
③指导者自己用的一种备课资料。
3）作业分解表的好处。
①在指导时能够做到顺序恰当、容易理解、不遗漏要点。
②不用做徒劳无益的事就能达到目的。
③能够不慌张、信心十足地进行指导。
④能够清晰地强调重要的地方（要点）。
⑤能够准确地判断学员是否已掌握。
⑥能够对目前的工作方法进行反思并改善。

（3）准备好一切所需物品。
准备好必要的设备、工具和材料等。

（4）整顿工作场所。
为作业人员准备好便于掌握且易于遵守的作业环境。

2. 工作教导的四个阶段

在任何地方，只要采用工作教导就一定产生良好效果，这种既准确又可靠的方法包含以下四个阶段。

（1）第一阶段：学习准备。

①目标与行动（见表 3-3-1）。

表 3-3-1　目标与行动

目标	行动
使学习者轻松愉快	问好、寒暄
让学习者了解将做什么工作	工作内容介绍
了解学习者对这项工作的认识程度	询问是否做过类似工作
激发学习者学习这项工作的热情	强调工作意义
使学习者进入正确的学习位置	以学习者为中心

②正确的学习位置（见图 3-3-5）。

考虑学习者（不会漏看、容易看清、没有危险、不会误解、不给周围人添麻烦）＋ 指导者容易指导 ＝ 正确的学习位置

图 3-3-5　正确的学习位置

（2）第二阶段：传授工作。

1）教导三遍。

①说主要步骤，做给他/她看。

②说主要步骤的要点，做给他/她看。

③说要点的理由，做给他/她看。

清楚、完整、耐心地将主要步骤一步一步地讲给他/她听，做给他/她看；明确强调要点和要点的理由。

2）传授工作的终极目标是使学习者能够"一次做对"。

（3）第三阶段：尝试练习。

1）练习四遍。

①尝试完整操作一遍——纠正。
②边做边说出主要步骤——牢记步骤。
③边做边说出主要步骤的要点——说出关键要点。
④边做边说出要点的理由——确认完全掌握。
发现不规范的操作或错误马上纠正，不要让员工养成不良习惯。
2）如何确定学习者完全掌握。
①动作准确。
②清楚地说明主要步骤。
③完整地说出要点。
④毫无遗漏地说明要点的理由。
以上四项中，只要有一项是模棱两可，就必须继续进行指导、再确认。

（4）第四阶段：检验成效。
①安排进行独立具体工作，使员工带着责任感去工作。
②指定可以帮助的人——向其他可信赖的人学习。
③不断地检查——务必在养成错误的习惯之前就给予纠正。
④鼓励提出问题——营造一种不责怪、宽松的易于提问的氛围。
⑤逐渐减少指导次数——随着技能的不断熟练，逐渐减少指导。
⑥对员工技能进行评价（是否学会？能独立操作了吗？）。

3．工作教导四阶段法的解决问题之道

①讲了不一定会听 → 学习准备——使学习者轻松愉快。
②听了不一定会懂 → 传授工作——讲解步骤，强调要点。
③懂了不一定会做 → 尝试练习——动手实践，指导点评。
④做了不一定做好 → 检验成效——持续指导，不断检查。

4．正确工作教导方法训练员工的好处

①通过充分训练员工，使其掌握出色的工作技能。

②明显缩短员工从新手到独当一面的训练时间。
③减少设备机械的损坏，减少工伤。
④提高质量、增加产量、降低成本。
⑤让员工的工作变得轻松。
⑥有效解决生产过程中的各类问题。

三、工作教导在实际工作中应用：点滴教育 OPL

1. 什么是点滴教育

OPL（One Point Lesson）是针对某项要点进行的传达教育，一般在 10 分钟内完成，所以称为点滴教育。

（1）点滴教育的作用。

①技术积累——聚沙成塔、集腋成裘。

②培养员工——朝宣暮灌、诲人不倦。

③养成习惯——天天学习、日日改善。

④形成氛围——全员参与、上下齐心。

⑤持续改善——每天一小步、每年一大步。

（2）点滴教育在管理系统中的运用（见图 3-3-6）。

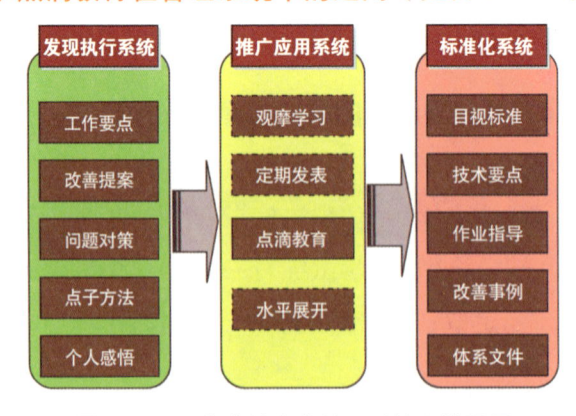

发现执行系统	推广应用系统	标准化系统
工作要点	观摩学习	目视标准
改善提案	定期发表	技术要点
问题对策	点滴教育	作业指导
点子方法	水平展开	改善事例
个人感悟		体系文件

图 3-3-6　点滴教育在管理系统中的运用

（3）点滴教育书面化的原因（见图3-3-7）。

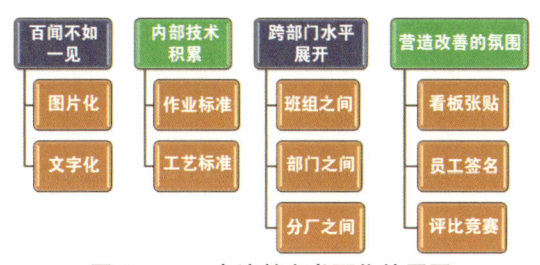

图3-3-7　点滴教育书面化的原因

（4）点滴教育表V3.0版格式及参考案例。

①点滴教育表格式（见图3-3-8）。

点滴教育（OPL）					
车间/班组		课程分类	□基础知识　□问题实例　□改善实例		管理编号	
^		^	^		制作日期	
主题				制作　审核　批准		
图片说明			作业分解表		
			序号	主要步骤	要点	要点的理由
			1			
			2			
			3			
			4			
			5			
实施日期					
由谁（施教者）					
对谁（受教者）					
实施后的评价	1□ 2□ 3□ 4□　1□ 2□ 3□ 4□　1□ 2□ 3□ 4□　1□ 2□ 3□ 4□　1□ 2□ 3□ 4□　1□ 2□ 3□ 4□　1□ 2□ 3□ 4□　1□ 2□ 3□ 4□　1□ 2□ 3□ 4□　1□ 2□ 3□ 4□				
评价：1.基本可以操作，但不够熟练；2.独立操作，要点清楚；3.操作熟练，且知道理由；4.可以成为指导者						

图3-3-8　点滴教育表格式

②点滴教育表参考案例（见图3-3-9）。

点 滴 教 育（OPL）

车间/班组	机加车间	课程分类	■基础知识 □问题实例 □改善实例	管理编号	TWI01-20210708-JI001
主题	油冷机过滤网如何清扫			制作日期	2021年3月10日
				制作	彭某
				核算	张某
				批准	罗某

图片说明

作 业 分 解 表

序号	主要步骤	要点	要点的理由
1	取	1. 双手拿住图示1两处拉带轻轻往上提过滤网 2. 当过滤网最下面的边框脱离卡槽后，双手同时往自己站立方向拉2-5厘米 3. 在往下压después，直到过滤网最上边脱离取下整个过滤网	最不容易损坏过滤网
2	洗	1. 在水龙头下先把过滤网打湿 2. 图示2区域全部均匀涂抹上清洁剂（清洁剂不要浪费） 3. 用水冲洗干净	保证过滤网上没有灰尘和油污，保证过滤网通风散热良好
3	吹	1. 把过滤网靠固定物体成45° 2. 如图示3用气枪把过滤网全部吹干	保证清洗后的过滤网干燥，没有残留水滴到油冷机里面
4	装	1. 双手拿住图示1两处拉带把过滤网上面最下面的边框卡到下面卡槽上 2. 如图示4、双手同时把过滤网贴到重里面推 3. 轻轻放下过滤网贴合边缘的卡槽成图示5	这样最不容易损坏过滤网，同时轻轻拍一下网面看是否牢固

实施日期	2021.3.12	2021.3.12	2021.3.12	2021.3.19	2021.3.19	2021.3.19	2021.3.19
由谁（施教者）	彭某	彭某	彭某	彭某	何某	王某	何某
对谁（受教者）	张某	刘某	何某	钱某	胡某	何某	雷某
实施后的评价	1■ 2□ 3□ 4□	1■ 2□ 3□ 4□	1□ 2■ 3□ 4□	1□ 2■ 3□ 4□	1□ 2■ 3□ 4□	1■ 2□ 3□ 4□	1□ 2■ 3□ 4□

评价：1. 基本可以操作，但不够熟练；2. 独立操作；3. 操作熟练，要点清楚，且知道理由；4. 可以成为指导者

图 3-3-9 点滴教育表参考案例

◆ 本章小结 ◆

凝聚产生力量，团结成就辉煌；聚是一团火，散是满天星。在不确定的当下，企业或组织的每个人都要担当起自己的责任，发挥自己的优势，"抱团取暖"才能够取得辉煌的战绩。

班组是企业的最小单元，企业运营的绩效评价指标——PQCDSM，最终都落实和体现到班组管理水平上。班组的核心灵魂动力在于班组长，所以从某种意义上来说，班组团队的强与弱，和班组长的能力有直接关系，班组长通过培养班组人才、顺畅沟通、达成团队融合及人心凝聚，帮助企业永续经营。

学以致用：

制作一份"点滴教育表 V3.0"。

04 CHAPTER

战斗力

铸造 PQCDS 指标的绩效标杆

第四章

所谓班组的战斗力就是班组作战能力，也就是班组完成任务的能力。班组长要具备解决现场问题并达成管理指标PQCDS（即效率、质量、成本、交期、安全）的能力。

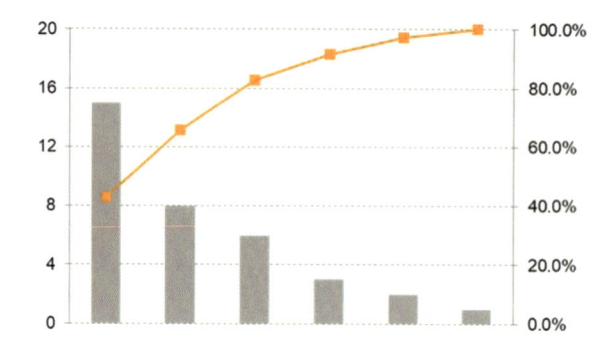

▼情节十：

　　伍立通过第三章内容的学习，团队凝聚力逐渐加强，他感觉工作渐渐走上正轨。在刚刚过去的季度班组绩效考核中，他的班组士气和生产环境评分较之前大有提升，产量却只达成90%，还出现下道工序反馈的几个质量问题，和由于设备故障的发生造成了一些原材料成本的浪费。领导告诉他：一个优秀的班组要想成为卓越的班组，成为一支有战斗力的团队，重点还是要看生产是否达到效率高、品质稳定、交货准、浪费少、成本低的目的！伍立想好好找找影响班组战斗力的因素。

困惑10　如何让班组绩效目标和公司管理重点项目保持一致，制订可执行的计划？

第一节 影响班组战斗力的因素 QCD

> **管理核心思想理念十**
>
> 高效率生产是每个班组的奋斗目标，也是班组作战能力的重要体现。

企业管理的核心价值就是以最小的投入得到最大的产出，从而获得最大的效益。

这些投入包括资金、资产（房产等）、人力、材料、机器等，并随着大批量消费、大批量生产规模的转变而加大这些投入，是否为最有效的组合，是否达到效率高、品质稳定、交货准、浪费少、成本低的目的？

企业经常用以下几个生产指标来衡量产出成果，如表 4-1-1 所示。

表 4-1-1 生产指标

效率：Productivity	制造更多的产量
质量：Quality	更受欢迎的品质
成本：Cost	更低廉的成本
交期：Delivery	更短的周期
安全：Safety	安全的工作环境
士气：Morale	高昂的士气

为了达到理想的成果，必须设法改进生产技术、提升管理技术，使企业的投入产出比最小化，即以相对较少的投入，最快速度生产最好的产品。

高效率生产方式是一种成本最低、品质最好、速度最快、追求综合效率最高的生产方式，即尽量缩短从接收订单到交货给顾客的时间的生产方式。

具体地说，它是改善所有部门工作（作业）中的浪费、勉强、不均衡，彻底持续地追求最高效率工作方法和教育方法的活动，包含建立最短时间的工作（作业）标准或体系的活动。

它是在工业工程几十年的生产实践中发展起来的，将工业工程中的"浪费、勉强、不均"部分具体量化为"7种浪费现象"及"12种动作的浪费"，把深奥难懂的工业工程（IE）知识简单化、实用化。在保证品质的前提下，用最少的人员、最少的设备、最短的周转时间，创造出高品质和相对便宜价格（成本有竞争能力）的产品改革推进体系。

现场班组长的工作，是将生产资源投入以生产出成品的管理。生产资源投入即3M——人员（Manpower）、材料（Material）及机器（Machine）。有时亦将方法（Method）和测量（Measurement）加入，并称为5M。成品输出是指质量、成本及交货期或称为QCD。后来随着管理的深入，将效率（Productivity）及安全（Safety）加入，而称为PQCDS。

班组长所承担的责任，就是要达成QCD的成果。为达成此目标，班组长必须管理好3个基本的M——人员、材料和机器。

一、班组目标分解

班组的目标是在一定时期内必须要达成的成果。为了达成目标成果，必须明确规定做什么、时限、数量等内容。

班组的分解就是以目标为目的开展工作，一边确认现状是否符合目标要求，一边开展工作，对工作的结果是否符合目标要求进行评价或反省，以利于达成下个目标时借鉴。

班组目标管理的意义，对企业来讲，有助于经营理念、方针的落地，集中精力开展重点的经营活动，能够快速应对环境变化；对管理人员来讲，是激励员工集中资源任务的有利依据，便于明确工作职责；对员工来讲，可以适度地挑战工作目标，提升工作能力，提高参与意识和创新精神，公正地评价工作成果。

二、目标管理能力

好的目标管理要符合七个条件：一是目标具有必然性，要明确为什么这个目标是必要的，与经营理念、基本方针有一贯性；与中后期计划吻合；与现在的重点方针一致。二是目标具有挑战性，不仅仅是维持现状，而是志向于更理想的水平、状态——战胜竞争对手。三是目标具有组织性，不仅仅是不给其他部门添麻烦，还得到其他部门和有关人员的赞同和协助，他们为此做出贡献，会感到非常地高兴。四是目标具有测定性（定量性），因为用数量的概念来测定成果，故而变得容易评价、检查进度状况或达成度，基准也包含在其中。五是目标具有具体性，目标的内容、表现非常具体，谁都容易理解。六是目标具有实行性，目标往往是具有实行可能的，能够马上采取行动，容易参与。七是目标具有视觉性，在视觉上谁都能感觉到目标的存在，侧面支援、检查都非常容易；图表被有效地使用。

目标管理的三种水平如表 4-1-2 所示。

表 4-1-2 目标管理的三种水平

层次	级别	状态	典型意识	员工主观能动性
↑	卓越目标管理	实现自我价值，把工作当成事业来做	做到最好，追求更好	高度发挥
	中级目标管理	为了完成任务而工作	完成任务就万事大吉	偶尔
	初级目标管理	上司指示我怎么做，我就怎么做	不违反指令就可以	无

三、管理项目

目标制定出来后，还必须通过管理项目的方式监控和达成目标。管理项目是指可以客观反映某项工作状况的参数，如不合格率、生产达成率等。管理项目是对工作进行客观评价的基础。

因为管理项目的设定和推移图能很好地反映一项工作前后的变化状况，可以根据这个变化来判定工作质量是好转还是滑坡；工作量是增加还是减少了，是否需要增加人手等。因此，根据企业的经营方针和目标，结合本部门的具体情况而建立一套管理项目，并进行日常记录及管理是非常重要的。

只有明确各部门的管理项目，员工才能方向一致地为"项目"工作，而不是为某个人的指令而工作。因为有了管理项目，所以上司评价下属的工作时也有一个明确的尺度，减少主观的偏差。同时，要达成管理项目必须要全力以赴地努力工作，那些肯脚踏实地、有真才实学的管理者能够心情愉快地在团队中发挥自己的才干。

下表列出了工厂的一些常用管理项目，请根据企业自身的特点进行调整，以便能正确、合理、高效地把每一天的工作管理好！

工厂常用项目管理如表 4-1-3 所示。

表 4-1-3　工厂常用项目管理

分类	序号	项目	计算公式
效率 (P)	1	生产率	产出数量 / 总投入工时
	2	每小时包装数	包装总数 / 总投入工时
	3	日均入库数量	实数值
	4	日均出库数量	实数值
	5	日均检查点数	实数值
	6	日均装车数	实数值
	7	日均卸车数	实数值
	8	总标准时间	各工序标准时间之和
	9	流水线节拍	（品种不变）
	10	时间稼动率	（负荷时间 − 停止时间）/ 负荷时间
	11	设备运行利用率	有效运行时间 / 运行时间
品质 (Q)	1	工程内不合格率	工程内不合格数 / 总数
	2	一次合格品率	一次合格品数 / 总数
	3	批量合格率	合格批数 / 总批数
	4	进料批量合格率	合格批数 / 总批数
	5	客户投诉件数	实数值
	6	不良个数率	返品个数 / 来料个数
	7	内部投诉件数	实数值
	8	内部投诉数量	实数值
	9	故障件数	实数值
	10	平均故障间隔时间	运行时间合计 / 停止次数
	11	平均故障时间	故障停止时间合计 / 停止次数
	12	故障件数	实数值
交期 (D)	1	延迟交货天数	实数值
	2	完成品滞留天数	完成品平均在库金额 / 月平均销售金额
	3	按期交货率	按期交货批数 / 应交货批数
	4	总出货量	实数值
	5	各品种出货量	实数值
	6	生产计划完成率	按计划完成批数 / 总批数

四、管理项目与目标的关系

管理项目和目标的关系示例如表 4-1-4 所示。那么，对于某项工作来说，其管理项目和目标究竟是一种什么样的关系呢？

其生成关系如图 4-1-1 所示。

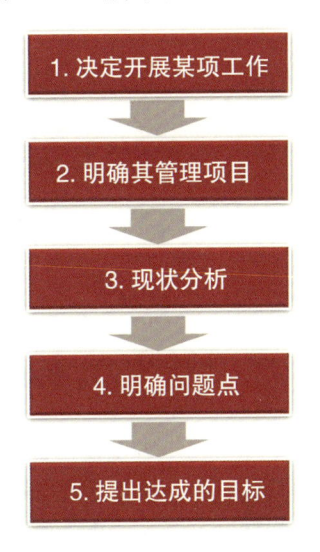

```
1. 决定开展某项工作
        ↓
2. 明确其管理项目
        ↓
3. 现状分析
        ↓
4. 明确问题点
        ↓
5. 提出达成的目标
```

图 4-1-1　管理项目与目标的生成关系

首先要在众多的工作中分析判断哪项是重点的、关键的，这可以通过市场、客户的反映来决定，也可以从企业的经营思路、发展规划角度来考虑。这项工作确定后，接着进一步讨论围绕着这项工作有哪些参数可以评价它，即它的管理项目是什么。然后通过调查、收集数据资料，分析现状，把握问题所在，最后根据本身的资源条件、内外环境的期望和要求确定合适的目标。

目标和管理项目确定后，由此就可以制作目标管理实施计划书，如表 4-1-5 所示，然后按计划进度推进和开展工作。

表 4-1-4　管理项目和目标的关系示例

	工作	管理项目	现状	问题点	目标
1	降低不良率	①零部件不良率 ②工程内不良率 ③成品不良率	2.3% 1.9% 0.8%	外观不良占总不良的81%	外观不良半年内降低60%
2	提高生产能力	小时产量	100台/小时	表面处理等待时间0.2小时/批	表面处理等待时间0.05小时/批
3	提高设备效率	设备停止时间	11.2小时/月	跳闸占63%	三个月内减少50%
4	提高包装效率	日均包装数	1000台	备料时间浪费30%	三个月内提高10%
5	提高出入库精度	账物不符率	3.5%	包装材料账物不符占45%	半年内达到2.5%以下
6	目视管理活动	实施点数			200点/月
7	现场活力化	人均提案件数	0.9件/人	制造部人均提案0.1件/人	三个月内达到1.5件/人

表 4-1-5　目标管理实施计划书

	项目	目标值	管理界限	达成手段和方法	实际状况
企业					
部门					
班组					
个人					

五、班组目标管理要抓住重点

在班组日常工作中你是否经常碰到这样的问题：某个设备坏了，停在那里等你报修；上司让你马上给他整理一份近期生产记录；有位员工生病了，要安排别人来顶工位；有个物料迟迟没到，半个小时内就要停线了；某个产品马上生产了，作业指导书还没来得及做……

在这种情形之下，那焦头烂额、疲于奔命的感觉，确实令人沮丧。因为班组长负责的多半是日常事务，日常事务是繁杂的，没有好的技巧，做得越多越会适得其反。

所以，在工作中能否抓住重点是能否胜任班组长这个角色的关键。

重点管理来自柏拉图的"重要少数"理论，如图 4-1-2 所示。换而言之就是重要的工作只有 20% 的工作量，却占有了你 80% 的工作精力；另外 80% 的工作都是次要的，却只占 20% 的比重。

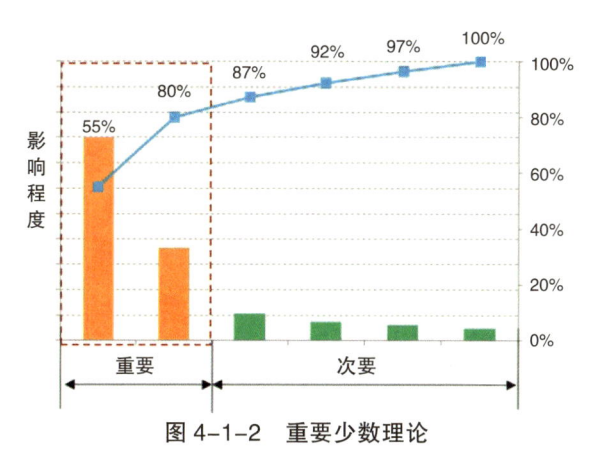

图 4-1-2　重要少数理论

对于日常的事务性工作，首先要进行盘点和思考，将那些"重要的少数"寻找出来并完成。"重要的少数"的判断基准可以从以下方面考虑。

①影响后序工作的事务。
②有牵连影响的跨部门工作。
③影响指标指数的事务。
④上司特别强调的方面。
⑤员工、下属关注的工作。

以上五种工作要优先实施、重点管理。当然其余的工作并非不用做，而是将有限的资源和精力作合理安排。

六、班组计划与执行

企业实行计划管理（确定生产能力）、劳动管理（制定劳动定额标准）、设备管理（挖掘设备潜力）、生产组织（平衡生产线能力）以及改进车间布局、克服薄弱环节、开展技术革新和生产合理化等工作，都可以以高效率生产技术和其相关资料为基础进行。

1. 现场的质量管理

现场管理面临许多不同角度的质量问题。虽然分析质量问题需要一些复杂的手法，如新旧 QC 七种工具、工程能力分析等；但是现场的许多问题仅涉及一些简单的事务而已，例如生产技艺以及处理每天所发生的困难和异常，或因不适当的工作标准和作业者疏忽造成的错误等。

为了减少异常，管理部门必须建立标准，促使员工守纪律、遵守标准以及确保不良品不会流到下一工序。大部分的质量问题可以用现场、现物、现实的原则，以低成本、常识性的方法来解决。管理阶层必须在员工之间导入团队合作的方式，因为员工的参与是解决问题的关键。

那么，现场如何确保优良品质呢？以下是避免失误的5个原则。

①取消此作业，对于难度较大或不容易掌握的作业，如果能够取消的话尽量取消，采用其他更容易的方法代替。

②尽量用机器代替人做，人往往被自己的思想、情绪所左右，所以工作时呈波浪形的状态，起伏不定。能用机器设备控制的时候，就不要使用人，这样可以减少很多偏差。

③使作业容易化，对复杂的作业，通过分解、合并、删除、简化等方法使其容易化，便于员工作业。

④检查，当采取种种对策都无法杜绝问题的发生时，只有通过检查来防止不良品流入下一工序。检查点的设置是检查的关键，要特别注意有无遗漏。

⑤降低影响，不良无法达到根治时，要努力降低不良的影响，如机器的噪音，绝对没有是不现实的，但是可以把它控制在可以接受的范围，然后慢慢朝静音方向改善。

判断现场的品质控制水平一般分4个等级，四级品质控制水平如表4-1-6所示。

表4-1-6 四级品质控制水平

趋势	级别	判定基准
↑	1级水准	不制造和生产不良
	2极水准	不流出不良
	3级水准	检验出不良（作业员检验）
	4级水准	没有检查，无法控制不良

2. 现场的成本降低

成本管理是指管理开发、生产及销售良好质量的产品和服务时，能致力于降低成本或维持在目标成本的水准上。现场的成本降低，是由管理阶层所实施的各式各样的活动所衍生的成果。不幸的是，许多管理人员想走捷径来削减成本，典型的行动包含解雇员工、组织重整以及向供应商压价。像这样的成本削减，必定会损害到质量，以致质量的恶化。

顾客要求更低的价格、更好的质量，再配合及时的交货。如果简单地以成本削减方式来降低价格，以回应顾客的需求，就会发现质量和准时交货也保证不了。在现场，成本降低的机会或许可以用"消除浪费"来表现，降低成本的最佳方法是剔除过度的资源耗用。为了降低成本，必须同时实施下列7项活动。

（1）改进质量。

改进质量，事实上会带动成本降低。这里指管理人员及员工的工作过程的质量，包含了开发、制造及销售产品或服务的工作质量。在现场，它特指产品或服务的制造及送达的方法，更具体而言，是指管理人员（工人的活动）、机器、材料、方法及测量，并称为5M。

改进了工作过程的质量，其结果会使错误更少、不合格更少、维时少，缩短交货期时间以及减少资源耗费，因而降低了运营总成本。质量改进也是提高合格率的同义词。

（2）提高生产力以降低成本。

当以较少的（资源）"投入"，生产出相同的产品"产出"，或以相同的"投入"，生产出较多的"产出"时，生产力就改进了。在此所称的"投入"是指人力资源、设施和材料等项目。"产出"是指产品、服务、收益及附加价值等项目。降低生产线上的人数不仅降低成本，更重要的是减少了质量的问题，因为减少了人为错误的机会。管理阶层应当考虑借助改善活动，以抽出人力作为其他附加价值活动的人力资源来源。当生产力提高的时候，成本就跟着下降了。

（3）降低库存。

库存占用空间，延长了生产交期，产生了搬运和储存的需求，而且吞食了流动资金。产品或半成品"待"在厂房的地面或是仓库里，不会产生任何附加价值，反而增加了质量隐患，当市场改变或竞争对手导入新产品时，甚至会在一夜之间变成废品。

（4）缩短生产线。

在生产时，越长的生产线需要越多的作业员、越多的半成品以及越长的生产交货期。生产线上的人越多，发生错误的机会越大。管理者应设计更短的装配线，雇用少之又少的人员。这样员工才能不断地挑战自己，把工作做得比上次更好。

（5）减少机器停机时间。

机器停机会中断生产活动。因为机器经常出故障，所以有些企业就以大批量生产来缓冲停机损失，导致过多的半成品、库存及修理工作，质量也受损害。所有的这些都增加了运营成本。

其他方面也会造成类似的结果。电脑或通信系统的死机会造成不当的延误，大幅增加机器的作业成本。一位新员工，没有施予适当的训练就分派到工作站去操作机器，其所造成的作业延误，就相当于机器死机的损失成本。

（6）减少空间。

一般的制造业公司使用了其所需的4倍的空间、2倍的人力和10倍的交货期时间。现场改善一般通过消除输送带生产线或缩短生产线，把分离的工作站并入主体生产线，来降低库存、减少搬运。所有的这些改善减少了空间的需求。从现场改善所释放出来的空间，可增加新生产线或为未来扩充。

（7）现场总成本降低。

如果现场流程无法做得很短、有弹性、有效率、没有不合格品及没有停机，那么就无法降低物料和零件的库存，以符合今天的顾客对高质量、低成本和及时交货的严格需求。现场改善可以作为这3项范围的改进起始点。

改善应当从现场开始。换言之，借着实施现场改善，显现现场的问题，可以确认出其他支援部门的缺点所在。诸如研究和开发、设计、质量控制、工业工程、采购、业务及营销。换句话说，现场改善有助于暴露在品质管理阶层上的缺陷。现场是一面镜子，可以反映出公司管理制度的质量；现场也是一个窗口，使人们可以看到管理的真正实力。

3. 交货期

交货期是指及时送达所需数量的产品或服务。管理阶层的主要工作之一是将所需数量的产品或服务及时送达以符合顾客的需求。对管理部门的挑战，是实现对交货期承诺的同时，也能达成质量及成本的目标。质量是成本和交货期的基础，这也符合"质量第一"的信念。

交货期从公司购进材料及耗材开始，到公司收到售出货物的货款为止。因此，交货期时间代表了现金流的周转。较短的交货期意味着较高的资源周转率，更弹性地满足顾客的需求。交货期是衡量管理的真正水平，管理部门应将缩短交货期当作最重要的课题。

缩短交货期的工作，包含改进和加速顾客订单的回馈，以及与供应商更好地沟通配合，降低原材料和耗材的库存。流水线化及提高现场作业的弹性也能缩短生产交货期。

精益生产方式（JIT：Just In Time）是涉及成本及交货期的议题，但它必须在质量保证制度健全的状况下才能导入。通过消除各种无附加价值的活动，精益生产方式有助于降低成本，事实上，对以往从来没有实施及时生产方式的企业而言，JIT 是一种很实用的方式，可以戏剧化地降低成本。

4. 现场实际作业应把握的内容

为了保证计划的有效执行，确保生产作业计划的合理性，现场实际作业应把握以下内容。

①生产计划（工作计划）实施过程中是否有实际困难。
②计划调整对人员、设备及其他方面的影响。
③人员出勤、异动的状况，员工精神状态、士气。
④员工的工作技能（能力、速度、程度）。
⑤缺料、设备故障等引起的停产时间。
⑥不良发生的原因及对策，不良品的善后处理。
⑦零部件、工装夹具、生产辅料是否足够齐全。
⑧生产是否正常，能否完成生产计划。
⑨工作方法是否合适，是否存在浪费，有无可以改善之处。

做计划管理的最基本方法如下。

①经常深入生产第一线；
②确保各项信息资源迅速接收、传达、实施；
③了解生产能力（单位时间产量）；
④注意员工的精神状态、情绪、工作表现；
⑤利用秒表等工具进行时间研究。

同时注意，如有异常，必须及时处理并报告上级（制度化）；通过示范、纠正、直接指导等方式来教育员工；对员工应明确说明原因及必要性；安排工作时要明确期限和目标，人员尽量精简；跟踪员工的工作进度，评价其工作结果并予以反馈。

▼情节十一：

　　伍立通过第一节内容的学习，了解了衡量一个班组是否具备战斗力主要看以下几方面的成果：是否制造更多的产量、更受欢迎的品质、更低廉的成本、更短的周期、更安全的工作环境、更高昂的士气，这让他对改进工作有了一定的方向。领导最近开会，多次提到数字化转型，希望各班组认真做好数字化转型工作，跟上新时代企业发展的步伐。但有一点伍立一直不太明白……

> **困惑 11** 现在企业使用的各项生产管理数据和数字化转型有什么不一样呢？

第二节 传统的生产数据管理与数字化转型

> **管理核心思想理念十一**
>
> 数字化转型的底层逻辑：通过改变每一个员工的工作方式，来重塑企业的文化。

什么是数字化呢？简单地说就是用数字的形式来表达经营状况。那数字化转型又是什么呢？实际上就是对业务过程进行的重塑，将生产、商品、客户、经营流程管理等，通过互联网和云计算将大数据变成可以度量的数字和数据，通过重塑使其适应各方面的在线环境，从用户接触后端的办公室工作到全方面实现无须人工介入的过程自动化。

举个零售业的例子，一家小超市，刚开始时是手工记账，每次交易的时间较长，还经常忘记记账。后来上了一套收银系统，这是首次数字化升级。这样虽然结账时间短了，但是还是不能解决每月盘点时只能数数量，不能管理商品的生产日期，特别是有保质期的食品类商品，导致每月都有过期的商品报废处理的问题。互联网时代来临，顾客的需求从线下转到了线上，老板从这一变化中看到了潜在的商业空间，决定开发 App，拓展外送服务，并且培养员工如何用 App 来服务用户，这又是一次数字化升级。这样既拓展了服务模式，创造新价值的同时和用户产生了互动，又沉淀了用户数据，这些数据可以优化商品陈列，促销活动方式等，生意规模越来越大，老板的企业已经发展为连锁经营，此时不但有用户的数据，还有生产、销售、经销商、采购等各种数据。当下已经是新零售时代，App 或小程序早已不能满足客户需求，于是老板决定搭建新零售电商体系，引进新人才，对所有员工进行培训，又完成了一次重大的数字化转型，这次数字化升级不仅升级了消费者体验，还打通了上下游用数据驱动公司的经营管理，时代一直在向前发展，技术也在不断更新。

数字化转型简单说就是利用数字化技术来推动企业业务模式、组织架构、服务模式的变革措施。

数字化转型中有四个重要的要素：人、工作方式、数据和技术，如图 4-2-1 所示。

图 4-2-1　数字化转型中四个重要要素

企业在经营过程中，通过改变每一个员工的工作方式来重塑企业的文化。其中，技术是最不重要的一项。比如前面例子中说到的零售店老板，他所经历的每一次数字化转型都不是自己研发新技术。相反如果少了人和工作方式的结合，任何技术投资都是在浪费钱。

▼情节十二：

伍立通过第二节内容的学习，大致明白了数字化转型的意义，通过公司会议的不断灌输，他明白公司数字化转型势在必行，于是开始认真盘点他的班组目前管理中的各项数据和报表。通过梳理查找管理中的问题，并寻找解决办法和对策，伍立有了自己的思考。

> **困惑 12**：如何能达到高效率生产，规避异常的发生呢？

第三节 如何提升班组战斗力

> **管理核心思想理念十二**
>
> 工作标准化是高效率生产方式的一项不可缺少的内容。

一、管理的本质

管理的本质就是维持和改善。维持主要指的是维持标准和为了维持标准进行的异常管理。

班组长作为基层管理人员,其主要管理责任为以下几点。

①基层的管理主要是维持标准。
②要做好管理,必将异常加以改善。
③要做好企业体制的改善,先要有人才与改善的技能。
④改善完成时,必须要有效地管理,才能维持成果。
⑤改善与管理交替进行才能使问题管理持续进步。

二、班组标准化管理

工作标准的对象是人所从事的工作或作业。任何一个企业的生产活动都是利用一定的"机器设备",通过"人"的劳动把"原材料"加工成产品的活动。"机器设备""人""原材料"这三要素的有机结合便是推动社会进步的生产力。

1. 人的作业活动特点

在生产力三要素中，作业者是首要的、能动的要素。这一活跃要素把其他要素结合起来以充分发挥作用。作业者状态对三要素的结合程度有着直接的影响。人的生产作业活动有着与机器设备迥然不同的特点，这些特点如下。

（1）个体差别。

这是指不同的人之间在体力、劳动技能、动作速度、劳动效率、注意力、理解力、耐力等方面差别很大。而设备却不然，同类机器设备之间有可能做到各项工作参数完全一致、作业结果完全相同。同机器比起来，人的这个要素特点是一个缺陷。

（2）非固定性。

这是指人的作业参数（如行走速度、搬运的重量、动作的幅度等）具有随着时间发生变化的特性。作业者对某项作业的熟练程度、劳动过程中的疲劳程度、工作环境的适应程度等均与劳动时间的长短有关。而机器设备却能在一定条件下做到运转速度始终一致、功率均衡输出、节奏均匀不变。

（3）应变性。

在人—机系统中，随着机器要素特性的变化，人的要素特性也相应发生变化，最后与机器要素的特性相适应。一般情况下，这种应变能力和适应性是要随着对工作的熟练或通过训练而获得的。这一特点是一般机器设备所不具备的，这恰是人的能动性的一种表现。

（4）可靠性。

人的工作同设备的运行一样，也有可靠性问题。但人动作的可靠性（准确性、精确性）是可变的，受健康状况、疲劳程度、有无充分准备、熟练程度、劳动热情的高低、责任感及紧急情况下的混乱、错觉和应急处置能力等的影响。这种人的因素可靠性难以预测、难以控制，随机性很大，差别也很大。

由于人的作业活动有上述一些特点，只要稍加观察和分析就会发现，许多人做同一种工作（或同样的作业），粗略看没什么区别，好像一切都很协调，若仔细观察就会发现其中有很大的差别，不仅作业时间上可能有成倍的差别，还存在着"勉强、浪费、不均衡"的作业方法或作业动作。

此外，人员对同一项作业习惯与否、熟练与否都会使结果差别很大，这一点在打字员、流水线员工之中表现最为明显。

习惯是怎样形成的呢？一般来说，一项工作按同一程序重复多次就可能变成习惯。倘若通过分析研究，设计出科学合理的工作程序和作业方法，将其定为标准，用以约束同一工种的所有员工遵照执行。这样不仅可以促使个人习惯的形成，还是形成群体习惯的有效方法。

所以，作业标准化的过程是形成群体习惯和群体行为准则的过程，是要素"人"的升华过程。它不仅能有效地消除不必要、不合理的作业程序和作业动作，还能促使员工克服已形成的不合理习惯和操作缺点，增进人作业的可靠性，从而克服个体差别和非固定性对生产系统产生的副作用。

每个作业者达到能同机器体系的运动规律相适应的程度时，人在生产系统中的能动作用便可得到最充分的发挥，由三要素组成的生产系统便可处于最佳运行状态，创造出较高的生产效率和经济效益。开展作业标准化的目的和意义就体现在这里。

2. 工作标准化的基本方法

对"人"所从事的活动，尤其是生产作业活动的特点和规律的研究，同对"物"的研究有很大的不同，这种不同是由于作业者有思想、有感情、有性格，行为受情绪的影响、受思想的支配；

又由于作业者群体之中个体差别和非固定性等因素的存在，使得对"人"劳动的任何一个参数进行精确计量和定量化都十分困难。在生产力三要素中"人"要素的标准化是最困难的工作。

20世纪初，美国工程师弗雷德里克·温斯洛·泰勒在总结前人经验的基础上开创的时间观测法，以及和他同时代的弗兰克·吉尔布雷斯夫妇创立的动作研究法，为解决作业动作的研究和制定科学的作业标准开辟了一条道路。时间观测和动作研究是早期工业工程的两大支柱。它的一整套技术都适用于工作（作业）的标准化。

弗兰克·吉尔布雷斯夫妇用毕生的精力致力于方法研究（又叫动作研究）。为了能对人的作业动作进行细微的观察和记录，他们把人的动作划分为18种动作要素，认为任何作业动作都可由这18种要素加以组合。同样，任何一个动作也可依据这18种要素加以分解。他们还提出并设计了这18种动作要素（简称动素）的记录符号。这些符号虽然尚未形成国际标准，但已为各国所公认。

此外，弗兰克·吉尔布雷斯还通过对人能力的研究，创立了使动作变得迅速、容易又减少疲劳的作业动作法则，并把它命名为"动作经济原则"。这些原则又经过布尔尼斯、麦纳德，以及德意志作业研究联盟（REFA）等的进一步修订补充，形成了一套完整的规则体系，从而成为高效率生产方式的理论基础。

另外，随着高效率生产方式的推广普及，实践中人们还创造了各种形式的动作记录分析用表、动作分析改进检查表。这就为确切地掌握操作和动作的情形，把作业者的动作按照顺序进行记录和微细地分析，把握动作的构成、动作的差异及进一步设计更合理的动作序列，提供了完备的方法。

3. 工作标准化的产生和发展

工作标准化是对人所从事的工作开展的标准化，通过制定工作标准，对工作（包括作业）的质量、数量、时间、程序、方法等做出统一规定，以便实现整个工作过程的协调运行和提高工作效率。

对工作制定标准，自古已有之。就近代来说，19世纪和20世纪盛行的科学管理运动，是工作标准化产生并迅速发展的年代。

由于当时美国的管理水平仍处于经验管理阶段，与资本主义生产的发展很不适应，致使工厂的劳动效率低下，浪费严重，企业潜力得不到发挥。于是，提高工厂生产效率、改善经营管理、寻找合理组织生产的方法成为当时亟待解决的课题。

泰勒的科学管理理论建立在时间研究的基础之上。

时间研究可以说是泰勒科学管理的重要内容，他进行的种种研究，始终把"调查影响作业时间的主要因素，以发现有关因素和时间之间关系的规律"作为一贯的研究方向。这种想法便成为后来作业测定（又叫时间研究）的发展基础。

弗兰克·吉尔布雷斯夫妇从另一个动作方面对人所从事的工作（作业）进行研究。弗兰克·吉尔布雷斯夫妇的动作研究受到建筑员工砌砖作业的启发，认为决定工作成果（生产量、时间、疲劳感等）的重要因素是动作（作业方法）。观察动作，依据因素序列划分动作，通过分析影响动作的因素能够发现最佳方法。这种最佳方法的衡量基准是：构成作业的动作要素要少；每个动作要素的动作时间要短；每个动作要素带给人的疲劳要少。

他通过给砌砖员工拍摄操作照片等办法终于发现并总结出能使员工提高工作效率的以下方法。

①要使脚手架的高度能够变化，随着墙的加高，脚手架也能升高。

②在脚手架上准备一个搁板放砖和灰浆，省去每次垒砖都要"弯腰从踏板上拿砖"这样不必要的作业。

③把砖从车上卸下到搬向工匠附近，可由非熟练员工按木制的边线将砖的平面和一端沿固定方向摆齐。

④工匠要能用一只手拿砖，用另一只手拿起抹子放入灰浆。

⑤经常保持灰浆的适当稠度，只要一压砖就能黏到一起为宜，从而省去用抹子敲打砖的动作。

使用过去的老方法，每一块砖要 18 个动作的作业；按照以上的作业方法改进，在简单作业的场合变成 2 个动作，在一般的情况下也只有 5 个动作。

为了实现工作（作业）的合理化，必须客观地掌握和记录人们的作业方法和作业条件，从中选择最佳的定为标准作业，并给定标准时间，这是实现工作方法标准化的一般过程。

泰勒认为，一切管理问题都应该可以用科学的方法加以研究，并从中优选出最好的办法。倘能对其加以系统化、科学化、标准化，这种最佳办法便可付诸实现。在美国大力推行"泰勒制"的时候，在工厂里，无论是制订劳动定额、工时定额、作业计划还是成本核算，最后都要形成标准。工作标准化就是这样发展起来的，并成为高效率生产方式的一项不可缺少的内容。

日本积极推广"泰勒制"。尤为突出的是在日本企业里，通过制订包括工作标准在内的一系列标准，使企业管理取得奇迹般的成就，这已经是人所共知的事实。

4. 工作简化

衡量一个管理人员管理能力的一个重要指标就是"化繁为简"的能力。一个企业的基层管理人员如领班，他的工作负荷可能是管理 15 人的工作量，而一个高层管理人员如总经理，可能负责几千人甚至几万人。老子《道德经》曰："治大国，若烹小鲜。"具备卓越管理才能的关键是将工作"化繁为简"，游刃有余地轻松工作。

（1）工作简化的基本理念。

简单就是美。任何一项制度，任何一项工作，确定目的后，在执行的过程中应尽量力求简化，例如下面的例子。

①当地可买到的材料，为什么一定跑到很远的地方去买？

②3个工作站可完成，为什么要4个工作站？

③1个人可以做的工作，为什么要2个人做？

④一次可完成的工作，为什么要好几次去完成？

⑤一次开会就可以有结论，为什么要开好几次？

⑥品质一次可做好，为何要多次检验整修？

事实上，对任何一件事情或工作，应该永远保持"怀疑"的态度，因为一定还有更好、更简单的方法。

简化并不难。简化就是把任何一件工作分割成片段，再加以系统地组合；对每一个片段的工作或每个组合，去"质疑"它，思考为什么要这样做、是否有更好的做法，并运用改善原理来思考、消除"浪费、勉强和不均衡"，使工作更合理，效率更高。

简化要全员参与。上至最高层，下至基层员工，大家一起来参与"工作简化"，工作改善不仅可降低成本、增加利润，更可提高工作现场气氛，例如品管圈活动、改善提案制度及7S活动。

消除抗拒变革的心态。要简化就要改变，要让大家都知道企业生存之道就是"求新求变"，不变就会落伍，落伍就是等待被淘汰。

（2）工作简化的目的。

工作简化的目的主要是消除浪费。主要的浪费如下所列。

①布局不当，造成空间、场所的浪费。

②流程的设计或配置不当，造成场所及搬运的浪费。
③材料、零部件在库的浪费。
④机器稼动率低的浪费。
⑤等待的浪费。
⑥不知使用最好的工具的浪费。
⑦不知应用最好的工作方法的浪费。
⑧品质不良的浪费。
⑨士气低落的浪费。
⑩资金、资源的浪费。

作业简化的根本目的是在不断努力、不断进步的消除浪费过程中，让参与者学到知识、获得经验，从而培养人才。

（3）工作简化的方法。

1）找出在生产上、业务上或工作上拟改善的项目。
①在生产上属于"瓶颈"或问题最多的工作。
②占大量时间或人力的工作。
③重复性的工作。
④消耗大量材料的工作。
⑤看起来好像不合理的工作。
⑥布置不当或搬运不便的工作。

2）现状分析及检讨。
使用的分析手法如下。
①工程流程图。
②制品工程分析。
③作业分析。
④工场布置与搬运。

3）运用5W2H法来发问。
① Why？为何如此做，有没有必要？

② What？目的是什么，这个工作（动作）可否考虑过？

③ Where？有无比这里更合适的地方？

④ When？时间的安排好不好？

⑤ Who？谁来做？几个人做？是否有更合适的？

⑥ How to do？有没有更好的做法？

⑦ How much？这样做的成本是多少？变更后的成本又如何？

4）运用 ECRS 法，即取消、合并、重排、简化来寻求新方法。

①取消。经过 Why、What、How to do 分析后认为没必要的工作，可试着剔除。

②合并。几人或几个场所一起做，同一工作多次做，可以考虑能否合并。

③重排。经过取消、合并后的工作，继续以 When、Where、Who 研究工作顺序可否重排。

④简化。经过上面取消、合并、重排后的工作是否最简单、效果最佳，是否可再简化。

5）制定新的工作标准。再好的方法也可能会受到抵制或排斥，当新的方法产生后，如何有效且持久地实施成为新的课题。

新的方法产生后，应制定新的工作标准，必要时应开"说明会"，取得相关部门主管的认可，以便能顺利推行新方法。

6）效果跟踪。新的方法实施应进行进度把握、效果跟踪。

①有无按照新方法作业。

②新方法实际效果与预期效果比较。

③新方法实施过程中产生的问题及相应对策。

三、异常管理

现场管理最基本的思想，是以异常为中心进行管理。异常管理水平高时，一旦发生异常即可迅速感知到，并就重点部分亲自动手处理，在适时的时间里采取适当的对策。实现这种管理最重要的手法为看板等看得见的"目视管理"。

异常管理可以扩大管理者的管理跨度，实际上就是提高了每个人的管理能力。因此，一个人可以管理几个机种的自动设备，一个班组长可以管理多条生产线。

何谓异常？就是按标准作业应该做到而没有做到的；不应该发生而发生的；维持活动发生了问题；生产实际低于目标值；正常生产过程中出现了异常中断。

异常发现及处理步骤如表 4-3-1 所示。

表 4-3-1　异常发现及处理步骤

步骤	要点
第一步：异常情况的发现 1. 明确异常的定义 2. 准备好发现异常情况、程序及用具	明确管理界限 完善对初物（材料）、定期（定时）、终物（成品）的品质确认 建立不接受、不制造、不流出不良品的体制
第二步：与引起异常情况的相关人员联络、报告	什么时候、与谁（不包括不在场的场合）进行联系制作完善异常指示灯、告示板、异常情况联络图等设计，利用异常情况报告书
第三步：异常情况的确认	现场、现物、现实主义 即亲临现场 不对部下的失误发怒
第四步：异常情况的处理 1. 应急处理 2. 恒久处理	明确职务分配 迅速判断是否终止生产或继续生产 对产品批次、工程的处理 透过根本性的对策彻底地进行恒久处理

续表

步骤	要点
第五步：异常情况对策的确认	确实制止异常情况、保持效果追踪 记住横向展开（水平展开） 利用教训进行事前管理 制定异常情况管理的相关规定

丰田生产方式（TPS）中异常的最大特点是什么？

库存少——初级者；生产流程顺畅、强制问题明确化、生产性提高、质量提高——中级者；高级者说：因为反复发现问题和解决问题，所以没有了问题反而惴惴不安，于是大家竭尽全力搜寻问题，一直处在不断发现和解决问题的状态，这就是丰田真正的过人之处。

◆ **本章小结** ◆

　　班级为了达成绩效指标 PQCDSM，要做好班组的目标管理。对结果指标进行分解，通过对过程指标的控制来确保最终指标的达成。换句话说，班组的管理主要是班组标准化管理。同时班组长对生产过程的数据进行收集，并利用数据分析工具提升问题意识及问题解决的能力，找到生产指标的偏差和存在的问题，对异常4M（人、机、料、法）及时应对，确保生产绩效指标 PQCDSM 的达成。通过现场的数据分析，找到生产过程中存在的问题，为现场改善提升打下坚实基础。

学以致用：

根据班组的绩效指标，制作相关的数据分析并制作实行计划。

05
CHAPTER

改善力

——

构造精益求精的创新文化

第五章

［所谓班组的改善力就是发现问题、识别浪费、解决问题、技术革新等思维方法、技术和工具的学习及实践应用，营造和激励团队不断创新的氛围和文化。］

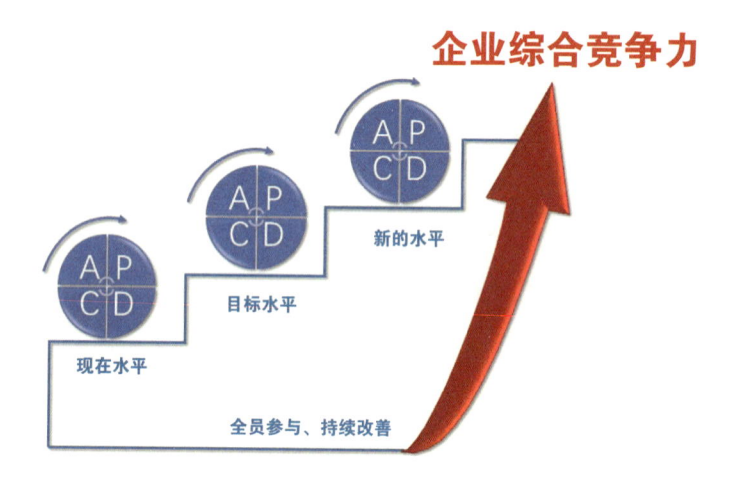

企业综合竞争力

新的水平

目标水平

现在水平

全员参与、持续改善

改善力
——构造精益求精的创新文化

▼情节十三：

伍立通过第四章内容的学习，全面盘点和梳理了自己班组的管理指标，逐一制定提升对策。他规范了班组的作业标准、设备维护点检标准和员工技能的训练计划等一系列举措。三个月过去了，班组的管理指标均达到公司要求，其中产量和质量指标超出了公司的标准，这让伍立很开心，班组成员的成就感和工作积极性也不断提升。领导看到伍立和团队的努力，也由衷地替他高兴。肯定的同时，领导也对他提出了更高的要求："工作质量没有最好，只有更好，希望你们班组再接再厉，由卓越走向杰出！不断改善，精益求精！"伍立听后浑身充满了干劲，但冷静下来想了一想……

? 困惑 13 我们现在已经做得很不错了，还有哪些是我们可以改善的呢？

第一节 改善的基本知识

> **管理核心思想理念十三**
>
> 改善的最终目的就是营造不断创新的氛围和文化。

一、什么是改善

在辽阔的大草原上,羚羊每天早上醒来所想的第一件事就是"我必须要比狮子跑得更快,否则我就会被它吃掉"。

与此同时,狮子从睡梦中醒来,映入它脑海的第一个念头就是"我必须要追赶上羚羊,否则我就会饿死"。

因此,在同一时刻,羚羊和狮子都开始向着初升的太阳奔跑。这就是生活!

无论你是一只羚羊还是一头狮子,在太阳升起的时候,你都应该毫不犹豫地朝向它猛烈地奔跑,在自然界中,不管是狮子还是羚羊,为了生存,只有不停地向前跑,才不会被自然界淘汰。同理,为了生存,人们必须持续改善!

改善在企业管理中是Kaizen的音译词,源于日本,主要指小的、细微的、持续的优化。改善是指发现存在的问题并采取措施解决问题,通过"改进—维持—进一步改进"的循环把事情做得越来越好。

全体员工在各自工作区域内，进行小规模的、持续的、增值的改变以产生积极影响的活动，就是每天进步1%。

质量管理大师威廉·爱德华兹·戴明博士到日本演讲时说："我不用讲太多的道理，给你们一个管理上的理念，那就是每天进步1%。"那天参加戴明演讲会的人有松下的松下幸之助、索尼的盛田昭夫和本田的本田宗一郎。他们听完演讲后回到自己的企业，全力地贯彻这种理念，今日这些公司的成就有目共睹。所以日本的最高质量奖就叫"戴明奖"。

丰田喜一郎说："没有一天我不想戴明博士对丰田的意义，戴明是我们管理的核心，日本欠他很多。"

20世纪80年代，美国的福特汽车亏损了30亿美元，于是打电话给戴明："戴明博士，你是美国人，应该来帮帮我们，我们已经被日本的本田打得站不起来了。"

戴明于是回到美国给福特作演讲，主题也是"每天进步1%"。两年以后，福特盈利了60亿美元。

假如你今天的基数是100，每天多努力进步1%，那么明天就是101，后天进步101的1%，就是102.01，这点进步看似微不足道，但是日积月累，像滚雪球似的前进，就能不断创造奇迹，如图5-1-1所示。

$$1.01^{365}=37.8$$
$$0.99^{365}=0.03$$

图5-1-1　1%创造的奇迹

这也是1%创造的奇迹！

二、改善的类型

企业推进改善活动，按其目的可以分为三类，即纠正性改善、预防性改善、防止性改善。

纠正性改善是为了消除已发生的浪费、偏差或不良状况所采取的行动。它是通过早期检测和处理，凭技术和事实找出原因而实施的措施，通常的改善方法是日常管理。

预防性改善是为了消除可能发生的潜在偏差和不良状况，而采取的防止事情发生的行动。它是通过完整的预防措施，凭技术和经验对问题预测和预防而实施的措施，通常的改善方法是工作标准化。

防止性改善是为了已发生的浪费、偏差或不良不再发生，通过落实预防措施而采取的防止问题再发的行动，通常的改善方法是工作改善。

三、改善的水准

根据改善对策的深度，改善可分为三个水准，如图5-1-2所示。

水准1是对结果的改善，针对已发生的问题结果进行改善，是对问题结果的事后补救而实施的措施。

水准2是过程的改善，对发生问题的过程进行改善，目的是防止问题的再次发生。

水准3是对发生问题的原因、过程进行调查，找到问题发生的根本原因，对根本原因而进行的改善措施，其最终目的是防患于未然。

水准	改善内容	说明
水准 3	运行机制的改善 防患于未然	对为什么会发生问题的原因/过程进行调查，改善运行机制的本身，防患于未然
水准 2	过程的改善 防止再发	对发生问题的过程进行改善，防止再发
水准 1	结果的改善 处理·改善	对问题的结果进行处理·改善
现状		

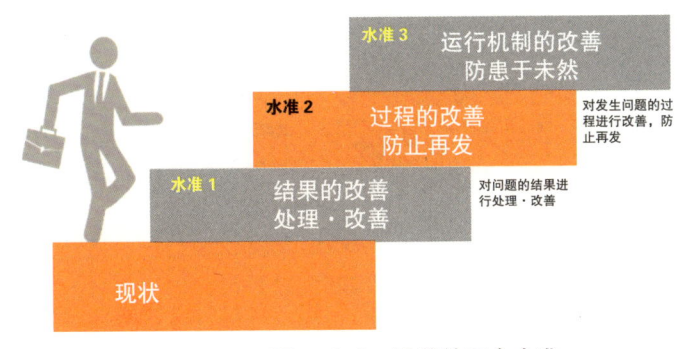

图 5-1-2 改善的三个水准

▼情节十四：

　　伍立通过第一节内容的学习知道了改善的价值和意义，于是开始利用班前会给员工讲解什么是改善、改善的类型和改善的水准。员工们看上去好像明白的样子，在接下来的实施过程中，大家都非常积极，伍立却非常苦恼。"班长，我们的工具柜需要改善，您看这些工具柜都用了很多年了，买的时间不同，规格也不一样，您看能不能给些经费，我们重新购置一批？""班长，我们打算把仓库布局重新调整下，根据功能分区，按领用频率分架分层。不过这十几个货架的物品需要全部拿下来，货架调整后，所有物料、配件、工具需要重新摆放，工作量太大，您看能不能增加些人手？"伍立心里很清楚，他既不能提供资金的支持，又不能调来人手。看着大家的热情和期盼的眼神，他不知道如何做才好……

困惑14：没有经费，也没有人员的增加，我们还能做这些改善吗？

第二节 改善的 10 大原则

> **管理核心思想理念十四**
>
> 凡事都有改善的空间，相信一定会有更好的办法。

改善 10 大原则如下。

① 抛弃传统固有观念。

② 寻找可行的方法。

③ 不找借口，要否定现状。

④ 不要力求完美，50 分也好，立即实施。

⑤ 有了想法马上改善。

⑥ 先从不花钱的改善做起。

⑦ 穷则变，变则通。

⑧ 追求根源，反复问 5 次"为什么"。

⑨ 众人的智慧比一个人的智慧高明。

⑩ 改善永无止境。

【释义】

① 以前正确的事或做法，随着生产方式或外部需求的变化，现在不一定正确。现在正确的事或做法，未来未必正确。所谓"当局者迷，旁观者清"，要打破原来的观念及做法，用旁观者的视角，站在全局的角度去看问题，审视现在的工作方法及流程，就会发

现浪费，找到改善的切入点。

②找到了改善的切入点，接下来就是思考如何进行改善。

③改善时不要为不能进行而找借口，要从现状中找到问题发生的根本原因。如果找不到现状的问题，就完全否定，重新对工作方法或流程否定，做一次全面检查也是有好处的。

④想到了改善方法，哪怕改善效果并不完美，但只要进行改善，对比现状就是有进步的。

⑤不管什么时候，发现问题就要立即改善。

⑥改善的切入点就是消除浪费，目的就是以最小的投入创造最大的价值。改善方法也一样，尽量不花钱，或先从不花钱的改善做起。

⑦事物到了窘困穷尽的时候就应当有所变化，变化之后才能通达，改善也一样。

⑧为了改善问题，要找到问题的根本原因，反复针对问题问五次"为什么"，以排除"假因"获得"真因"。

⑨改善是团队活动，难以解决的问题需要团队作战，多人配合才能达到好的效果。

⑩在企业生产活动中，顾客的需求不断地变化，为了满足顾客，企业的改善也要持续不断地进行，"没有最好，只有更好"。

▼情节十五：

　　伍立通过第二节内容的学习，明白了改善的十大原则。原来不是没有费用就不能改善，也不是没有人手就不能做改善。改善最重要的是突破固有的思维，立足本职工作，从力所能及的事情做起。那么，伍立开始思考……

困惑15 | 改善哪些事情能更好地体现我们的价值呢？

第三节
7 大浪费与 12 动作浪费

> **管理核心思想理念十五**
>
> 要提升改善价值,就要有效地去除各种浪费。

一、什么是价值

价值是一种衡量标准,用来衡量消费者愿意为之付出成本的产品或服务。

价值是由最终顾客决定的。

詹姆斯 P. 沃麦克教授等人在《精益思想》一书中提出了精益生产中价值的概念,认为价值只有由具有特定价格、能在特定时间内满足客户需求的特定产品或服务来表达时才有意义。价值是由生产者创造的,从客户的立场来看,这是生产者之所以存在的理由。《精益思想》一书中提出"主观高效率地大量制造现成产品向用户推销是完全错误的"。同时要提升价值,还要有效地去除各种浪费。

价值可以分为 3 个维度,即经济价值、社会价值和人文价值。按这 3 个维度,在企业经营活动中体现的价值点、改善方向、目标,衡量指标如图 5-3-1 所示。

维度	价值点	改善方向、目标	衡量指标
经济价值	保持成本先进性	制造成本最低	成本
		物资库存和采购金额逐年下降	库存金额
		设备维护费用降低	设备维护费用
		生产计划完成度、交货期达成率	交货期
社会价值	安全、稳定	提高设备可靠性，保持安全生产良好氛围	可靠性、安全生产天数
	绿色、清洁	低能耗、污染物排放等社会效益	环保绩效
人文价值	企业和谐	企业文化引领价值创造	员工满意度
	员工幸福	员工技能提升	
		职业生涯规划	

图 5-3-1　价值的三个维度

二、什么是浪费

浪费指不增加附加价值而使成本增加的一系列活动。在生产制造过程中，不能使产品产生任何附加价值的动作、方法、行为和计划，都被认为是浪费。

增加价值的活动中，所用资源超过了"绝对最少"的界限，也是浪费。"绝对最少"是指不但那些不产生附加价值的动作、方法、行为、信息是浪费，而且那些产生了附加价值但所用的资源超过了"绝对最少"界限的也是浪费。

日常工作中，为了识别工作中的浪费，人们把工作的构成（见图 5-3-2）分为作业和浪费两类。浪费是指可立即消除的工作，如作业中的等待、没有意义的搬运、多余的动作、生产过剩、库存、不合格品的修复、多余的加工等。作业可以分为两部分：一部分是精密作业，即产生价值的作业，如零件安装、喷涂、切削、冲压、焊接、组装、包装等；另一部分是必要的浪费，即不产生附加价值的作业，如取零件、工具的行走，零件的开箱作业，手动更换工装，去除毛边，按键按钮（如安顿）的操作，搬运作业，检查等。

工作构成的以上这三部分都是可以进行改善的，其中浪费是必须立即进行改善的，必要的浪费和精密作业可以通过改善的手法逐步进行改善。

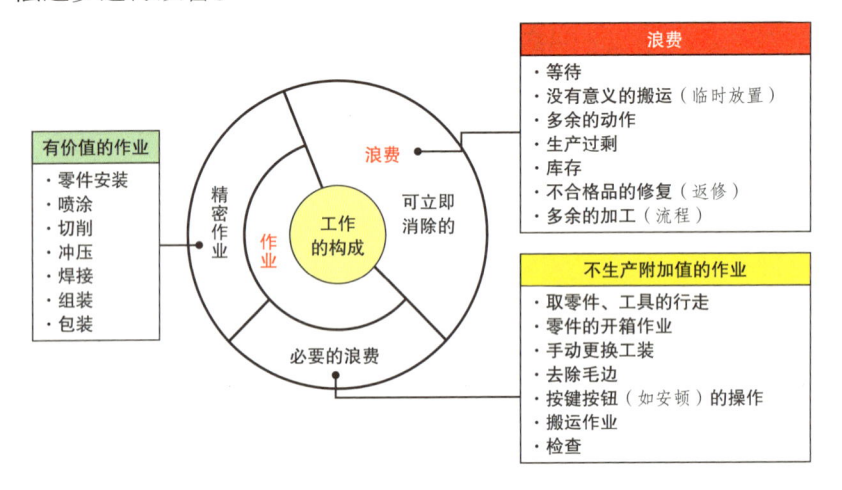

图 5-3-2 工作的构成

三、浪费的 3 种形态

工厂内存在形形色色的浪费现象。浪费有三种形态，即不节省、勉强和不均衡。要理解什么是浪费，就要了解这三者的概念。

①不节省/浪费（Muda）：未创造附加价值，导致生产成本增大；有能力，工序匹配性差，未给予充足工作量的未饱和状态。

②勉强、不合理（Muri）：员工或设备的负荷过重，导致疲劳的动作及作业；超过能力界限的超负荷状态。

③不均衡（Mura）：上述两种浪费的结果，生产时间计划不规则，有时超负荷，有时又不饱和的状态（即差异状态）。

不饱和与超负荷的概念如下。

①不饱和指的是生产计划安排散乱，工作量不足，造成生产

力浪费的现象（人员方面的工作负荷量，设备方面的机器稼动率）。

②超负荷指对于机械设备及人的能力来说过度的负荷（超负荷导致机器设备的故障、品质的低下及人员的不安全行为等）。

四、企业常见的 7 大浪费现象

通过对浪费形态的进一步分析，我们将企业常见浪费分成 7 大类，如图 5-3-3 所示。

图 5-3-3　企业常见的七大浪费

1. 等待 / 停机的浪费

即非满负荷的浪费。在日本通常称之为"手在等待的浪费"，在国内有的称为"无效工时利用率"，如图 5-3-4 所示。

图 5-3-4　等待 / 停机的浪费

等待的浪费主要有以下几种情况。
①生产线的机种切换。
②每天的工作量变动很大,当工作量少时,便无所事事。
③时常因缺料而使机器闲置。
④因过程上游发生延误,导致下游无事可做。
⑤因开会而占用太多的时间。
⑥机器设备时常发生故障。
⑦生产线未能取得平衡,以致经常发生等待。
⑧在共同作业上,有劳逸不均的现象。
⑨材料虽已备齐,但制造通知单或设计图并未送来,导致等待。

在不同型号产品更换时,生产线必须停止生产活动,以便能更换并设定新的产品所需的工作条件,这种更换设定的动作称为切换。

2. 搬运的浪费

这里的搬运是指物流节点之间的搬运。搬运是一种无附加价值的动作,虽不产生附加价值,但它却推动了工序前进。搬运的浪费包含放置、堆积、移动、整列等动作的浪费,如图5-3-5所示。

搬运产生不了直接价值,且工作单调、劳动强度大,应该尽可能减少搬运的作业。

图 5-3-5 搬运的浪费

3. 不良的浪费

不良的浪费是指在工厂内产生不良品，需要进行处置的时间和人力、物力上的浪费（见图 5-3-6），包括以下几点。

①发生原材料不良时的处置。

②发生生产过程中不良时的处置。

③发生产品不良对整个批量的处置。

图 5-3-6 不良的浪费

制造不合格产品，就意味着利益损失和资源流失。品质缺陷带来的利益损失包括有形的利润损失和无形的品牌损失，具体体现在下列几个方面。

①产品报废。

②降价处理。

③材料损失。

④人工设备资源损失。

⑤出货延误导致取消订单。

⑥信誉下降。

⑦市场份额萎缩。

4. 生产过剩的浪费

生产过剩又指在制品在库过多，具体指从一个工序到下一个工序中间准备了过多的量。在企业里，这种现象是比较普遍的，特别是作业者对这种浪费不以为然，所以很容易忽视它。

生产过剩导致的浪费有以下 8 个方面。

①零件、半成品需要先行生产而导致不同步的时间和空间浪费。

②生产用电、气压、油等能源的浪费。

③货架台、材料搬送工具等容器的增加。

④运用搬运车、升降机等搬运手段的增加。

⑤放置地、仓库等可能需要重新建设。

⑥在库的发生与管理工时的增加。

⑦利率负担的增加。

⑧不能促进改善。

5. 过度加工的浪费

过度加工也称过分精确加工，它的浪费是指实际加工精度比加工要求要高，如只要求加工三级品却加工成一级品，品质过剩造成了资源的浪费。过度加工导致的浪费有以下几项。

①需要多余的作业时间和辅助设备。

②生产用电、气压、油等能源浪费。

③管理工时的增加。

④不能促进改善。

6. 库存的浪费

库存量越大,资金积压就越厉害。在信息时代,许多企业都想方设法不断降低自己的在库量。

(1)库存包含以下几项。

①零部件、材料的库存。

②半成品的库存。

③成品的库存。

④已向供应商订购的在途零部件。

⑤已发货的在途成品。

(2)库存的浪费主要表现在以下几方面。

①零部件、产品陈旧的贬值与报废损失。

②流动资金占用损失。

③人工场地损失。

④掩盖不良品损失。

⑤隐藏产能不平衡与过剩损失。

⑥隐藏机器故障损失等。

7. 动作浪费

动作浪费指的是生产现场操作动作上的不合理导致的时间浪费,如图 5-3-7 所示,可以分解成 12 种动作的浪费。

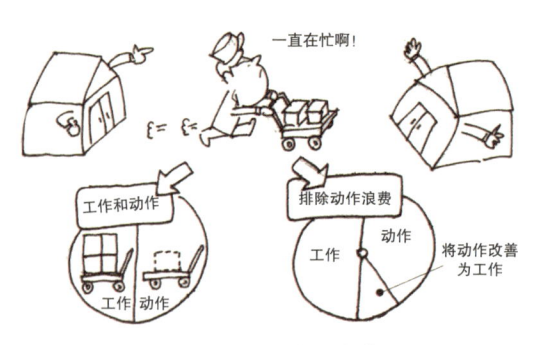

图 5-3-7　动作浪费

浪费无时无刻不存在于工作之中，工作是能增加附加价值的劳动，浪费则是使成本增加的无效作业。企业要提高工作的效率，先要消除浪费。

五、12 种动作浪费

根据作业动作来分析，大致可以分为以下 12 种不合理动作，这些动作往往导致作业时间增加、作业者劳动强度增加、降低生产效率。

1. 双手空闲的浪费

如图 5-3-8 所示，作业从开始到结束过程中作业者双手有空闲，处在等待的状态。例如某作业人员的工作是将作业表放在复印机上复印，每张复印 20 页，放完表以后，作业者等待机器复印，复印结束将原稿取下。在机器复印时作业者属于双手处在空闲的状态。

图 5-3-8　双手空闲的浪费

2. 单手空闲的浪费

在工作或作业过程中，作业人员存在一只手在操作，另一只手是空闲的状态，如图 5-3-9 所示。

例如在用鼠标操作一些命令的时候，另一只手是空闲的，这就是单手空闲的浪费。

图 5-3-9 单手空闲的浪费

3. 作业动作停止的浪费

作业人员在作业过程中，身体在每个动作都要停顿一下。

停止、静止状态就是浪费时间，应设法让动作迅速顺利地进行。

4. 动作太大的浪费

如图 5-3-10 所示，动作从左到右或从上到下幅度太大、距离长，超出了最佳角度或高度，造成了勉强。

图 5-3-10 动作太大的浪费

5. 动作交替的浪费

如图 5-3-11 所示，动作速度因动作交替而变得缓慢。如左手拿过来换到右手，或者拿了以后又变换了几次角度才安装上去的现象。这些转换和反转的动作就称为动作交替的浪费。

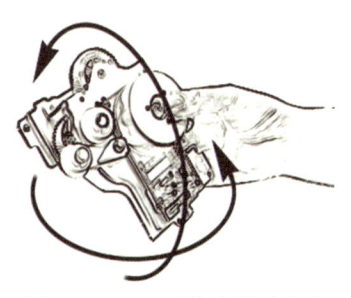

图 5-3-11 动作交替的浪费

6. 步行的浪费

如图 5-3-12 所示，从某一动作结束到下一动作开始之前需要步行，一般指两个作业点之间距离较远。

7. 转身角度太大的浪费

如图 5-3-13 所示，作业点与作业者之间角度超出适合范围，需要配合转身动作完成。

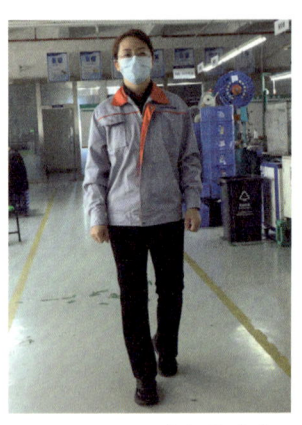

图 5-3-12　步行的浪费

图 5-3-13　转身角度太大的浪费

8. 动作与动作之间没有配合好的浪费

动作与动作之间有停顿和迟疑，缺乏连续性和节奏性。

9. 不了解作业技巧的浪费

作业者在作业修正调整后不习惯或不熟练，出现有时候跟不上的浪费。

10. 踮起脚的浪费

如图 5-3-14 所示，零件、作业位置太高，作业者要踮起脚才够得着。

11. 弯腰的浪费

如图 5-3-15 所示，零件、作业位置太低，作业者要弯下腰才够得着。

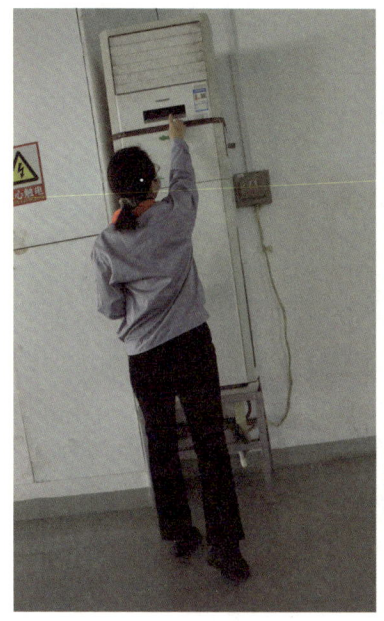

图 5-3-14　踮起脚的浪费　　　图 5-3-15　弯腰的浪费

12. 作业动作本身的浪费

两次以上重复操作同样的动作，或一次可以完成的动作分解成了两次，没有进行合并或简化。

12 种动作的浪费表面上看起来只会影响局部，往往不会引起很大的重视，但是积少成多，它与平衡性浪费往往一起影响企业的整体作业效率（见图 5-3-16）。

```
作业效率低下
├── 工时浪费
│   └── 厂内的7种浪费
│       ├── ①等待的浪费
│       ├── ②搬运的浪费
│       ├── ③不良的浪费
│       ├── ④生产过剩的浪费
│       ├── ⑤过度加工的浪费
│       ├── ⑥库存的浪费
│       └── ⑦动作的浪费
│           ├── 双手空闲的浪费
│           ├── 单手空闲的浪费
│           ├── 作业动作停止的浪费
│           ├── 动作太大的浪费
│           ├── 动作交替的浪费
│           ├── 步行的浪费
│           ├── 转身角度太大的浪费
│           ├── 动作与动作之间没有配合好的浪费
│           ├── 不了解作业技巧的浪费
│           ├── 踮起脚的浪费
│           ├── 弯腰的浪费
│           └── 作业动作本身的浪费
└── 平衡性浪费
    ├── 品种之间不平衡浪费
    └── 工程之间不平衡浪费
```

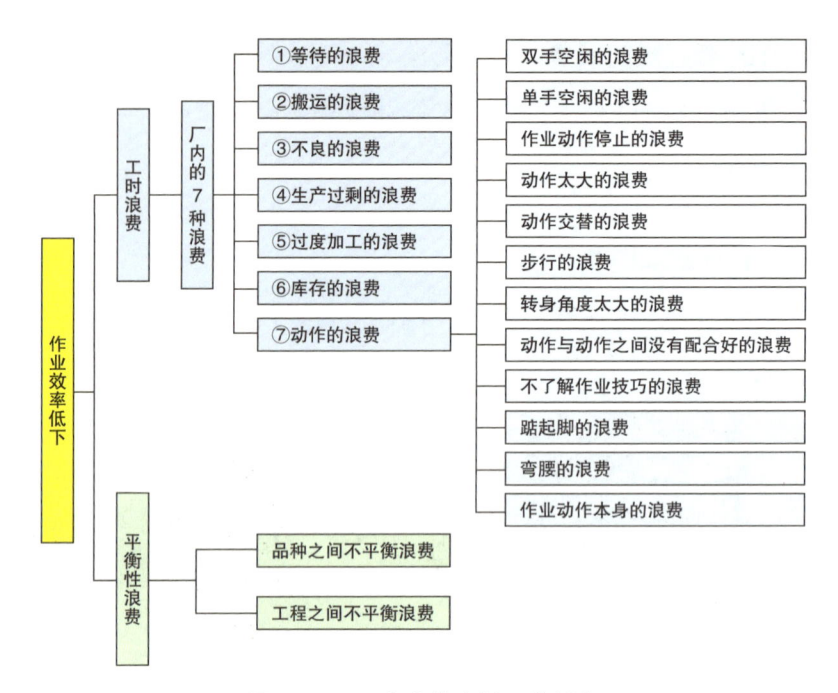

图 5-3-16　作业效率低下分析表

动作的浪费是指在制造物品的基础上，不能产生附加价值的人的活动（包括设备的空转）。现场中，经常发生以下的浪费、勉强。

①因组装过快导致的存储浪费。

②勉强作业。

③为作业而做的准备工作。

要检查动作的浪费情况，请从以下角度去观察。

①有无存放动作？

②有无多余的空手等待？

③有无断点和不连续？

④有无单手作业？

⑤有无人员频繁走动而不作业？

六、如何识别浪费

杜绝浪费是一个永恒的话题。

在单一标准产品的卖方市场，最大的浪费就是不能按期交货。因此，生产系统设置的原则是：一切生产活动与工厂制度都得为出货让路。大规模生产体系是一种非常适合卖方市场的生产体系。

在多品种、小批量、短交货期的买方市场中，生产系统设计的原则是：一切生产活动与工厂制度都得为快速化生产让路，减少零部件、半成品、成品的库存，减少零部件和产品的报废、贬值及工程变更的工作量导致的损失。

在制造业历史上，丰田现场管理堪称杜绝浪费的经典，其中杜绝生产起伏变化带来资源损失的均衡制生产，杜绝库存带来物流损失的准时制生产，杜绝制造大批量不合格产品带来品质损失的自律车间，将生产现场的浪费显现化的目视管理，都是生产现场管理强有力的"武器"。用丰田生产方式将7大浪费从生产的角度来分析，如图5-3-17所示。

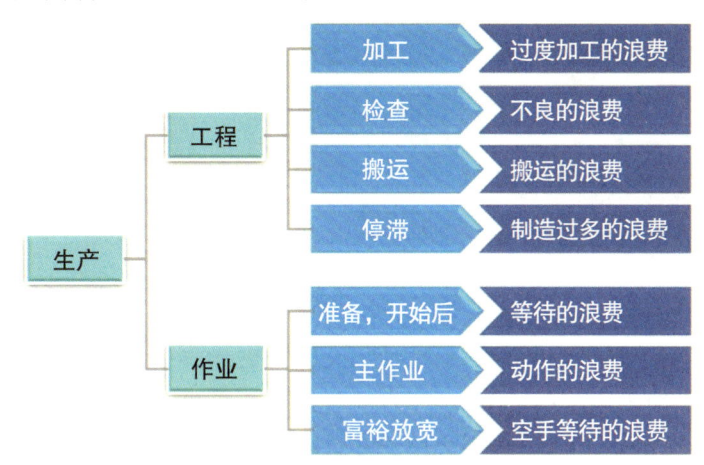

图 5-3-17 从生产角度分析 7 大浪费

1. 了解浪费是如何产生的

你在日常工作中有没有总是发生以下这些事呢？

①每天有忙不完的事儿。

②东西放在什么地方很混乱。

③犯了很多错误。

④到了期限还没做好，来不及了。

⑤工作太多了。

⑥到了下班的时间工作还没做完。

如果这些事经常在你的工作中发生，那么说明你身边存在着浪费现象。

将这些为难的事解决的方法就是进行改善。

生产现场的浪费因果循环如图 5-3-18 所示。

第一次浪费
设备过剩
库存过剩
人员过剩

第二次浪费
生产过剩

第三次浪费
成品库存过剩

第四次浪费
多余的库存
多余的搬运人员
多余的搬运设备
多余的库存管理人员
多余的品质控制人员
多余的信息情报管理

多余的折旧费
多余的保养费
多余的利息负担
多余的保管费
多余的劳务费
多余的管理成本

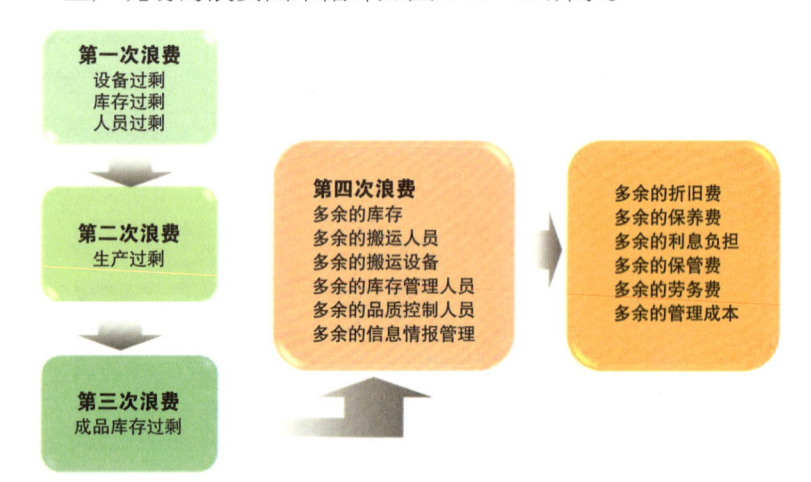

图 5-3-18　浪费因果循环

企业在生产过程中，若前期投产前规划不合理，或没有按订单来组织生产，就会导致产销不平衡，产生设备过剩、库存过剩和人员过剩，这就产生了第一次浪费。有了设备产能过剩和人员过剩，企业就会继续组织生产，再次形成生产过剩，这就是第二次浪费。生产了过多的订单之外的产品，就会形成成品库存过剩，这就是第三次浪费。随之产生了多余的库存、多余的搬运人员、多余的搬运设备、多余的库存管理人员、多余的品质控制人员和多余的信息情报管理等，这就是第四次浪费。以上的浪费会对企业经营造成多余的折旧费、多余的保养费、多余的利息负担、多余的保管费、多余的劳务费和多余的管理成本等。

2. 识别浪费的方法

企业里面的浪费通常被称为"隐藏工厂"，小小的浪费也会影响到企业的经营，生产现场管理中，要快速地识别浪费，并尽最大可能消除浪费，要做到下面五点。

①创造看得见浪费的现场（彻底的7S）。
②制定作业标准，严守标准作业。
③以看板管理的生产方式规定生产进程或指导生产。
④生产现场明确标识作业区域，规范作业。
⑤推行"一目了然的管理"等目视化管理手法。

发现浪费要遵循"三现"主义，即现场、现物、现实（见图5-3-19），到问题的现场，实际确认发生问题的物品或工程，客观地分析浪费现场。

现场	现物	现实
到问题发生的地点	实际确认调查发生问题的物品	客观性的分析

图5-3-19 "三现"主义

（1）利用点检表发现现场浪费。

班组长可以根据现场生产的特点，制定现场浪费点检表（见图5-3-20），按照现场的标准作业指导书和点检表，定期对现场进行点检，找出浪费最大的五项进行改善。

```
现场浪费点检表
1. 工序间是否有半成品堆积,数量是多少?
2. 原料数量是多少,可生产多少时间?
3. 成品有多少,安全库存量是多少,差异是多少?
4. 每天有多少加班?
5. 工序间作业员的等待时间有多长?
6. 是否有缺料引起停线的等待时间,共有多长?
7. 物料是否有不良,有几次?
8. 设备故障有几次,停线时间有多长?
9. 工序间半成品是否存在搬运,搬运距离是多少?
10. 每天的不良是否超出标准?
```

图 5-3-20　现场浪费点检表

（2）应用"5W1H"分析表,查找改善着眼点。

"5W1H"分析表（见图 5-3-21）指的是分析问题从分析目的(Why)、对象范围(What)、人/机械设备(Who)、时间(When)、地点/位置/方向(Where)和顺序/方法(How)六个方向,提出现场的问题,找到改善的着眼点。

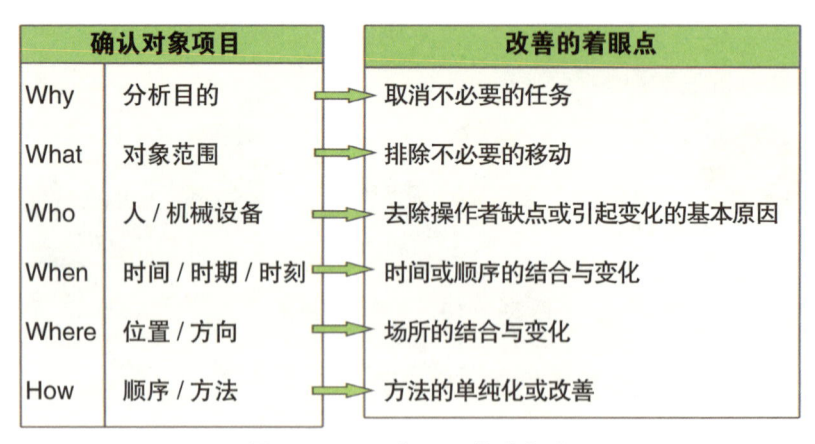

确认对象项目		改善的着眼点
Why	分析目的	取消不必要的任务
What	对象范围	排除不必要的移动
Who	人/机械设备	去除操作者缺点或引起变化的基本原因
When	时间/时期/时刻	时间或顺序的结合与变化
Where	位置/方向	场所的结合与变化
How	顺序/方法	方法的单纯化或改善

图 5-3-21　"5W1H"分析表

▼**情节十六：**

　　伍立通过第三节内容的学习，明白了什么是价值、什么是浪费。企业每生产一件产品的同时可能也在制造一份浪费。企业运营中各业务环节不被察觉或不被重视的浪费，常常被一些优秀企业称作"地下工厂"。改善立足于本职工作，从力所能及的事情做起，伍立想立即到现场去查找浪费了……

困惑 16 | 找到了现场中的浪费，应该如何改善呢？

第四节 常用改善浪费方法和工具

> **管理核心思想理念十六**
>
> 运用科学的改善工具，事半功倍。

一、首件检查

在连续生产或批量生产中，当加工或组装等作业需要设备阶段性更替，或刀具、刃具等生产条件变更时，制造的第一件产品要进行相应参数的检查确认，称为"首件检查"，如图5-4-1所示。

另外，新产品试产时，要检查机器设备等生产条件是否稳定，也往往通过首件检查等方法，根据结果决定是否继续生产。

大批量机器生产时，因为机器设备具有稳定性和均衡性的特点，所以对产品只进行首件检查，合格就可大批量生产。

图5-4-1 首件检查

首件检查对大批量性生产的不良预防及降低检查成本方面具有重要的意义。

二、不良品展示

当工程内发生不良时,为防止再发,将不良现品放在陈列台上展示,如图 5-4-2 所示,让全员了解状况。大胆地将失败的事例展示,是为了防止同样的失败重复发生。

这对于制造不良品的人员本人来说,会有一定的感悟:"决不会让这种事再发生!"虽然不是直接责备或处分当事人,但是"无声胜有声",起到防止再发作用的同时,也教育了广大作业者,激发全员进行改善的热情,养成一种良好的工作习惯。

根据统计技术,制作不良品的"柏拉图",并对项目进行层别,是一种将问题显在化的目视管理方法。

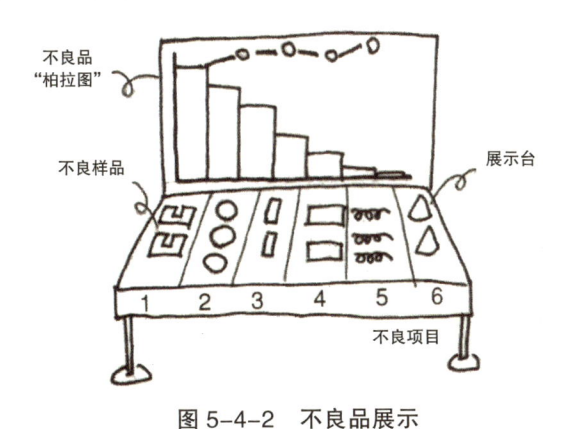

图 5-4-2　不良品展示

三、不制造不良品的检查

抽样检查只会判断出现了多少不良品,没有办法减少不良品的产生,是承认不良品的检查。

因为高效率生产方式不承认作为制造过剩的在库,所以绝对不让不良品产生,为此有必要从发现不良品的检查转向不制造不良品的检查。不制造不良品的检查有以下几种方式。

1. 源流管理

制定有效的品质保证体系，保证产品品质的加工条件，检查产品的异常所在，在发生产品不良之前制定对策。

2. 自主检查

在加工工程中包含检查的机能，后面的工程检查前面的工程，引起注意并防止不良的连续发生，可以将不良率大幅度降低，从此意义讲可以看作积极的改善。

3. 全数检查

抽样检查虽有统计学的根据，但最终只是检查手段的合理化，绝不是品质保证的合理化。全数检查不是寻找不良品的检查，应该是不制造不良品的检查，因此不仅仅要抽样检查，特殊工程应考虑可行的全数检查。绝对的全数检查也会发生遗漏，为防止遗漏，要利用数量管理、检查表、打点记号标识等方法。

为进行真正的品质保证要留心以下几点。

①只是发现不良品的检查并不能降低不良率。
②制造不良品后采取行动，是"死亡诊断书"。
③为不做不良品而采取行动，要在全数检查上下功夫。

四、防错法（防呆法）

防错法是为了保证生产工程流程中的在制品是100%的良品，而在工程的所有地方安装的一种防止失误的装置。是不制造不良品的全数检查的实践手段之一，以前也被称为防呆装置。

1. 防错法的定义

防错法是指不管谁去做、做法如何、做多少数量,结果是一样的,不会发生偏差。

防错法具体表现为以下几种情况。

①即使有人为疏忽也不会发生错误——不需要注意力。

②外行人来做也不会错——不需要经验与直觉。

③不管是谁在何时工作都不会出差错——不需要专门知识和高超的技能。

④防错法是标准化的一种高级的应用形式。

2. 防错法的作用

防错法使错误发生的机会减至最低程度,包括以下几种特征。

①排除化:剔除会造成错误的原因。

②替代化:采用更实用的方法来代替。

③容易化:使作业变得更容易、更合适、更通用。

④异常检出:虽然已经有不良品或错误现象,但是在下一过程中能将之检出,以减少或剔除其危险性。

⑤缓和影响:在作业失败影响波及的过程中,用方法使其缓和或吸收。

3. 防错法基本原则

在进行"防错法"时,有以下四原则可供参考,如图5-4-3所示。

（1）轻松原则。

难于辨认、难拿、动作难度大等作业,容易使

图 5-4-3　防错法四原则

作业员疲劳而发生失误，可以用以下几种方法进行改善。

①用不同颜色区分——容易辨认。

②加上把手——容易拿。

③使用搬运器具——动作轻松。

（2）简单原则。

需要高度技能与直觉的作业，容易发生人为失误，可以用夹具、工具或机械装置，使新进人员或辅助人员也不出错。

（3）安全原则。

有不安全或不安定危险因素时，加以改善使之不会有危险；马虎作业或勉强作业有危险时，设法安装规避马虎或勉强作业的装置。

（4）自动化原则。

依赖目视、耳听、感触等感官进行作业时，容易发生失误。制作夹具或使之机械化，减少用人的感官来判断。

4. 检查方式和防呆装置

检查方式和防呆装置的关系（防错法检查表）如表 5-4-1 所示。

表 5-4-1　防错法检查表

检查方式	检查技法	检查手段
源流管理 自主管理 顺次点检	全数检查	防呆装置

（1）人类感官具有的防呆装置功能如下。

①颜色表示和识别符号。

②类似零部件和材料隔离放置。

③手感识别。

④注意事项用引人注目的大字表示。

⑤启动警铃报警的装置。
⑥考虑噪音水准、换气、空调等。

（2）设计机械装置防呆的情况如下。
①产品发生不良时，机械停止加工的装置。
②作业错误时，机械停止加工的装置。
③作业错误时，不安装物料的装置。
④自动修正错误的结构装置。
⑤检查前一工程的不良，并分离不良的装置。
⑥作业有遗漏时，下一工程停止的装置。
如图5-4-4所示，请将下列三件物品放入板内。

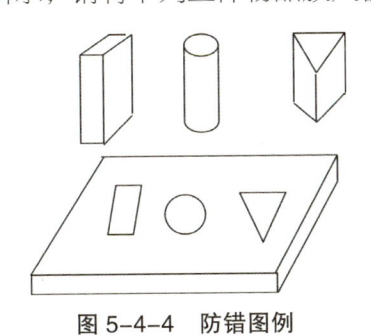

图5-4-4　防错图例

上面这个例子相信每一个人都会做对，因为不同的形状根本就放不进去，想要做错也不可能。

认识防错法的原理后，就要学习如何将防错法应用于工作上，以避免工作错误的发生，进而达到"第一次就把工作做对"的要求。

五、生产线平衡法

一个产品的生产过程，少则要经过两三个工程，多则要经过几十个工程，而每个工程又由多个作业要素组成。在生产工厂里，制造部门依产品的加工流程分为多个工程来组织生产，这些工程根据场地和设备会连成一条条的生产线。

生产线平衡,广义来说应该是涵盖工程与工程之间的平衡。生产线平衡具体来说就是指工程流动或工序间流动负荷差距最小,流动顺畅,减少因时间差所造成的等待或滞留现象。

1. 生产线平衡的目的

①物流快速,减少生产周期。
②减少或消除物料或半成品周转场所。
③消除工程瓶颈,提高作业效率。
④稳定产品品质。
⑤提升工作士气,改善作业秩序。

2. 生产线平衡表示法

生产线平衡,一般使用生产流动平衡表表示,纵轴表示时间,横向则依工程顺序表示,并画出其标准时间,可使用曲线图或柱状图。线平衡损失率的计算公式如图 5-4-5 所示。

$$线平衡率(\%) = \frac{\Sigma(各工程的作业时间)}{Neck 工程作业时间 \times 工程数} \times 100\%$$

$$线平衡损失率(\%) = 1 - 线平衡率$$

图 5-4-5　线平衡损失率计算公式

3. 现状生产线平衡分析的主要相关要素

①工程名:指本工程的名称或代号。
②标准时间:指作业指导书上所要求的作业时间。
③实测时间:指作业者完成操作的实际时间。
④节拍:根据生产计划量所得出的工程所需时间。
⑤平衡损失率:指生产线各工程工作分割的不均衡度。

4. 分析现状生产线平衡率的步骤

（1）制作统计表（见表5-4-2）。

表5-4-2 生产线平衡实测表

序号	工程名	标准时间	实测时间	线速
				60″
分析值	总计 最大值 不平衡率			

（2）分别测定和统计各工程的标准时间和实际时间，记入表格内（以1工程=1人记入，当1工程有两人及以上时，则将所得时间除以相应人数）。

（3）绘出图形（见图5-4-6）。

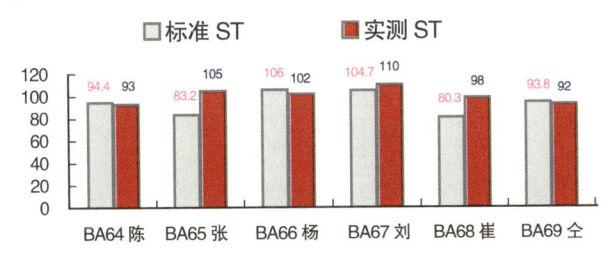

图5-4-6 生产线平衡分析图

（4）根据上述公式计算出平衡率，并记入表格中。

$$线平衡率 = \frac{(93+105+102+110+98+92)}{110 \times 6} = 91\%$$

$$线平衡损失率 = 1 - 线平衡率 = 1 - 91\% = 9\%$$

（5）根据图表进行分析，注意以下分析要点。

①有无超出节拍的工程？有几个？初步掌握超出的理由。
②低于节拍的工程最大差距是多少？什么原因？

③标准时间与实测时间有较大差距的工程多吗？什么原因？特别说明，一般来说，在节拍±5%是可以接受的。

5. 线平衡改善

画出生产线流动平衡图并计算线平衡损失率及节拍时间后，一条生产线的基本面貌就呈现出来了，根据这个面貌进行进一步的改善。

改善依3个方向来进行。

（1）不平衡的检讨与改善。

减少耗时最长工序（第一瓶颈）作业时间的方法有以下几项。

①分割作业，将一部分分割至工时较短的作业工序。

②利用或改良工具、机器，将手工改为半自动或全自动机器，或在原有工具、夹具上做改善，自可提升产量、缩短作业工时。

③提高机械效率，研究如何提升现有的机器产能。

④运用工作教导，提升作业者技能。

⑤调换效率较高或熟练作业人员。

⑥考虑增加此一工序的人员。

（2）运用"改善四要法（ECRS）"进行作业方法改善。

①"剔除"不必要的动作（优先选择）。

②"合并"微小的动作（次选）。

③"重排"作业工序或动作（再选）。

④"简化"复杂的动作（没办法时选择）。

（3）对生产计划的节拍时间检讨改善。

通常把生产计划的节拍时间设定成大于作业工序的最长时间，这样就不会存在节拍时间问题。

改善的注意事项如下。

①生产线的管理人员如对IE的改善技法缺乏了解或出现不平

衡的状态时，习惯用人员增补来弥补，这种做法不足为取。

②除了上面介绍的技法以外，也可以对材料、零件和设计方法进行检讨，看是否有缩短工时的可能。

③生产线补进新手时，因新手对工作不熟悉、熟练度不足，在配置上尤其要注意，会造成巨大的不平衡，使产量大幅下降，同时对新手造成异常的工作压力。

六、人机作业分析（工作的分离）

人机配合法(Man-Machine Chart)，简称为"人机法"，指人与设备的复式作业或联合作业，以研究探讨操作人员与机器工作的过程，用以发掘出可以改善的地方。

人机作业分析表是同一时间坐标上表明作业者与机器的协调和配合关系的图表，它可以清楚地显示人与机器的工作周期在时间上的配合关系。在使用自动机器的时候，完成调机后就加工了，旁边的作业者只是关注机器的加工而已，并不是监视。

（1）人机作业分析的目的。

①发现空闲与等待时间。

②使工作平衡。

③减少周程时间。

④获得最大的机器利用率。

⑤合适地指派人员与机器。

⑥决定最合适的方法。

（2）人机作业分析的用途。

①消除机械停止时间，缩短周期时间，提高设备稼动率。

②消除人的等待，提高人的工作效率，追求省人化，或利用等待时间进行其他作业。

③谋求共同作业的适当化，调查作业的配合状态。

人机作业分析表如图5-4-7所示，分为三个主要部分。第一部分是表头部分，记录基本信息，包括分析表编号、工程名、班组、作业者、观测日、观测者、周期时间、机器名等；第二部分是统计部分，在观测结束后统计基本信息；第三部分是图表部分，分别在人与机器栏内，用不同的符号表示人或机器工作、空闲或同时工作的状态，统计基本信息并按作业程度和时间由上而下记录人与机器的活动情况。

分析表编号			观测日		
工程名			观测者		
班组			周期时间		
作业者			机器名		
作业时间	人		空闲时间	人	
	机			机	
利用率	人		利用率	机	

人		时间	机	
作业内容	时间		时间	作业内容
		1		
		2		
		3		
		4		
		5		
		6		
		7		
		8		
		9		
		10		

图5-4-7 人机作业分析表

以前的作业，是把"单纯的看机器的动作"当作作业，其实这种"闲视作业"是不产生附加价值和浪费时间的作业，要把它从机械中分离出来。

如图5-4-8所示，是尝试在偏心磨床作业的机械加工中把人分离出来的例子。用偏心磨床进行加工作业时，作业者要擦拭作业台和装夹工件作业。之后设备自动定位后开始磨削，这样加工中就不需要作业者了，在此期间，空闲的作业者就可以做其他的工作，最终将人和机器的工作分离开来。

①从人机分析表分析结果可以发现以下问题。

A.人等待时间：27秒，时间利用率：33%。

B.机器停机时间：9秒，时间利用率：78%。

C.机器加工时间长，同时作业者等待时间长。

②改善方向：通过人机分析，可以把机器作业和人作业分离开来，在机器加工时，作业者可以准备下一工件，或班组内综合分析后考虑一人多机操作。

单位：秒

分析表编号	**	观测日	2008 年 5 月 7 日
工程名	偏心磨床	观测者	甲
班组	CM 加工班	周期时间	40
作业者	***	机器名	偏心磨床 –01
作业时间	人 13 / 机 31	空闲时间	人 27 / 机 9
利用率	人 33%	利用率	机 78%

人		时间	机	
作业内容	时间		时间	作业内容
取工件	2	1, 2	6	等待
擦拭	4	3, 4, 5, 6		
放入	2	7, 8	2	放入
等待	27	9, 10, 11	3	定位
		12, 13	2	砂轮前进
		14–33	20	磨削
		34, 35	2	砂轮后退
取出	2	36, 37	2	取出
测量	3	38, 39, 40	3	等待

工作 ／ 等待

图 5-4-8　人机分析表样例

七、流程程序分析法

流程程序图能对工作的整个程序做详细的记录与分析,特别用于分析搬运距离,减少暂存、贮存等隐藏成本的浪费;除记录时间外,还记录搬运的距离。在生产现场,流程改善方面可以得到广泛应用。

1. 流程程序分析法常用符号及含义(见图5-4-9)

符号	代表含义
▽	表示储存
□	表示检查
⇒	表示搬运(移动)
D	表示等待
○	表示作业、加工

图 5-4-9　流程程序分析法常用符号及含义

流程程序分析根据研究对象不同可以分为以下两种。

(1)材料或产品流程程序分析。

主要用于记录生产过程中材料、零件、部件等被处理、被加工的全部过程。物料型以物料为研究对象,例如一张火车票自售出、使用至回收的过程,其间经过许多人之手,用流程程序图表示,如图5-4-10所示。

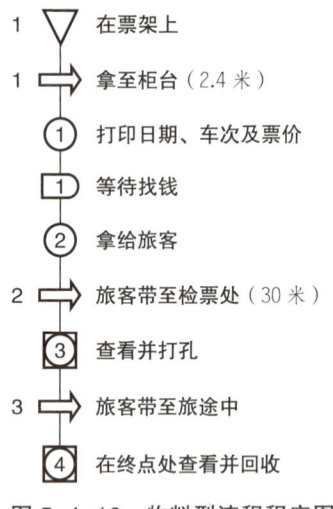

```
1  ▽  在票架上
1  ⇨  拿至柜台（2.4 米）
   ①  打印日期、车次及票价
   ①  等待找钱
   ②  拿给旅客
2  ⇨  旅客带至检票处（30 米）
   ③  查看并打孔
3  ⇨  旅客带至旅途中
   ④  在终点处查看并回收
```

图 5-4-10　物料型流程程序图

（2）人员流程程序分析。

主要用于记录工作人员在生产过程中的一连串活动。人型以人为研究对象，例如一位旅客使用该火车票乘车旅行的过程，用流程程序图表示，如图 5-4-11 所示。

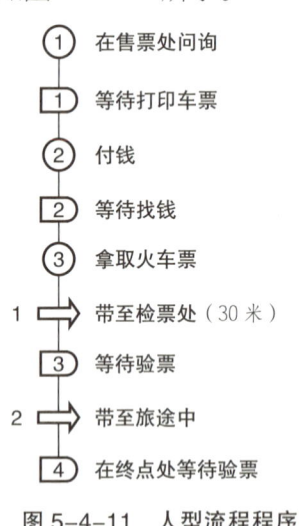

```
   ①  在售票处问询
   ①  等待打印车票
   ②  付钱
   ②  等待找钱
   ③  拿取火车票
1  ⇨  带至检票处（30 米）
   ③  等待验票
2  ⇨  带至旅途中
   ④  在终点处等待验票
```

图 5-4-11　人型流程程序图

2. 流程程序分析步骤

第一步：现场调查；

第二步：绘制工序流程图；

第三步：测定并记录各工序的必要项目；

第四步：整理分析结果；

第五步：制定改善方案；

第六步：改善方案的实施和评价；

第七步：使改善方案标准化。

3. 流程程序分析表的标准样式（见表 5-4-3）

表 5-4-3 流程程序分析表样式

流程程序分析表

4. 流程程序分析法案例

用流程程序分析法分析水分析室的酸值测定作业。经现场调查，利用流程程序分析表对酸值测定的作业内容进行测量并记录酸值测定的作业流程、作业步骤、作业内容和每个步骤的作业类型，如图 5-4-12 所示。

步骤	情况 操作/运送/检验/等待/储存					工作说明	距离（步）	需时（秒）
	●	→	▬	⬤	▽	现行方法		
1	●					至水分析室，检查电源，开启水浴锅，加热至 85℃	80	1200
2		→				下楼至油分析室（三）	60	60
13	●					做空白试验，往空的干净锥形瓶里加入 50ml 无水乙醇，放入搅拌子	5	120
14	●					水浴锅盖圈套于锥形瓶上	5	30
15	●					取出冷凝管安装至锥形瓶上，另一头连接至除盐水水龙头	10	120
19	●					往该锥形瓶加入 BTB 指示剂 0.2ml，趁热在 3 分钟内用 0.02~0.05mol／L 的 KOH- 乙醇溶液滴定至溶液由黄色变成蓝绿色为终点	20	240
20	●					取下防护手套，记录下消耗的 KOH- 乙醇溶液体积	5	60
21	●					开始做样品实验，往加了油的锥形瓶中加入 50ml 无水乙醇，放入搅拌子，摇匀	5	120
28	●					取下防护手套，记录下消耗的 KOH- 乙醇溶液体积	5	60
29	●					每个油样做一组平行样试验，重复 21~28 步骤	90	1020
35	●					清洗锥形瓶：戴上一次性手套，用金属洗涤剂刷洗后放入超声波清洗机清洗 2 遍（各 20 分钟），而后取出用流动除盐水至少冲刷 2 遍	20	2700
36	●					检查烘箱电源线、接地线等，正常后，打开烘箱电源，设置好烘箱温度	10	80
37				⬤		清洗干净的锥形瓶放入烘箱，烘干（至少 1 小时）		3660
38	●					关掉超声波清洗机电源	10	20
48		→				实验结束，返回化验办公室	120	120
							1350	11160

图 5-4-12　酸值测定流程程序分析（改善前）

利用 ECRS 法对酸值测量作业过程中的浪费进行识别，并寻找改善方向消除浪费，如图 5-4-13 所示。

序号	改善	改善内容
1	排除 Eliminate	·消除楼上、楼下来回走动 ·消除实验仪器清洗操作
2	组合 Combine	·水浴加热和试剂添加组合 ·测定时将空白滴定组合
3	重排 Rearrange	·称完油重直接测定，不用提前称 ·无水乙醇直接加热成高温喷雾
4	简化 Simplify	·试剂装在仪器上，减少移取操作 ·无须使用防烫手套，操作便捷

图 5-4-13　ECRS 法识别浪费

通过流程程序分析可以得出结论，如图 5-4-14、图 5-4-15 所示。

酸值测定流程序分析表（改善后）

步骤	情况（操作/运送/检验/等待/储存）	现行方法 工作说明	距离（步）	需时（秒）	改善要点（剔除/合并/排列/简化）	步骤	情况（操作/运送/检验/等待/储存）	改良方法 工作说明	距离（步）	需时（秒）
1	操作↑	至水分析室，检查电源，开启水浴锅，加热至85℃	80	1200		1	操作	至水分析室，准备好已配好的药品：氢氧化钾溶液、BTB指示剂、无水乙醇	80	120
2	↑	下楼至油分析室（三）	60	60	√	2	运送↑	将实验药品带至油分析室（一）	100	90
13		做空白试验，往空的干净锥形瓶里加入50ml无水乙醇，放入搅拌子	5	120	√	13	操作	准备好针筒、擦拭用的纸巾	10	40
14		水浴锅盖圆套安装至锥形瓶上	5	30	√	14	操作	用待测油样润洗针筒，擦拭干净	10	40
15		取出冷凝管逐个安装至锥形瓶上，另一头连接至除盐水水龙头	10	120	√	15	操作	将针筒放在天平上置零后取出放在桌旁	0	30
19	等待	往该锥形瓶加入BTB指示剂0.2ml，再用0.02-0.05mol/L的KOH-乙醇溶液滴定至溶液由黄色变成蓝绿色为终点	20	240	√	19	操作	仪器自动排液，打印结果	0	30
20		取下防护手套	5	60	√	20	操作	一个油样做一组平行样试验，重复15-19步骤	15	570
21		开始做样品实验，往加了油的锥形瓶中加入无水乙醇，放入搅拌子，摇匀	5	120	√	21	运送	将实验数据平均求得最终结果并记录下来	5	120
28		取下防护手套，记录下消耗的KOH-乙醇液体积	5	60	√	28	运送	将废液罐拿回油分析室（一），装回到到仪器上	20	80
29		每个油样做一组平行样试验，重复21-28步骤	90	1020	√	29	操作	收好吸油针筒、清理天平台和仪器上，关上天平和酸值测定仪	20	90
35		清洗锥形瓶；戴上一次性手套，用金属洗液刷刷洗后放入超声波清洗机清洗2遍（各20分钟），而后取出用流动的除盐水至少冲刷2遍	20	2700	√					
36		检查烘箱电源线，接地线等，正常后，设置好烘箱温度	10	80	√					
37	储存	清洗干净的锥形瓶放入烘箱，烘干（至少1小时）	10	3660	√					
38		关掉超声波清洗机电源	10	20	√					
48	↑	实验结束，返回化验办公室	120	120						
			1350	11160						

图5-4-14 酸值测定流程序分析表（改善后）

项目 方法	测定一个油样所需的时间（秒）	测定一个油样所需的步数（步）	测定一个油样所需操作的次数（次）	每多测定一个油样增加的时间（秒）	每多测定一个油样增加的步数（步）	每多测定一个油样增加操作的次数（次）
（旧方法）手工测定	11160	1350	48	1020	90	8
（新方法）仪器测定	2900	630	29	570	15	6
新方法节省	8260	720	19	450	75	2

图 5-4-15　酸值测定流程分析数据对比表

◆ **本章小结** ◆

改善力主要是培养班组长的价值意识，从班组常出现的 7 大浪费为切入点，提升班组长发现浪费的能力。班组长在班组内组织开展全员浪费识别活动，通过科学的改善工具，持续开展改善活动，提升班组的综合管理水平。

学以致用：

选择一项你立即想做的改善项，完成"××流程程序分析图"。

06
CHAPTER

杰出班组文化的培养和传承

第六章

生活需要仪式感，工作更需要有价值和文化的引领，而班组文化就是最直观的体现班组精神和价值观的窗口，庄重而有意义。

"班组文化"是企业内部最基本的班组单位中的文化，是企业中的班组内全体成员的知识、智慧、意志、特性、习惯和科技水平等因素相互作用下的文明成果。它是班组一切管理的"土壤"，只有班组文化做到位，班组所有的管理成果才有深厚的根基和承载的平台。

▼情节十七：

　　伍立通过第五章内容的学习，班组成员开始寻找工作中的各种浪费，并成立专项小组，利用下班后和周末的时间，一个个消除浪费。伍立发现刚开始还需要不断激励成员，象征性付些加班工资，后来根本不需要激励，大家自发开始各种改善。其他班组和领导感到非常疑惑："你是怎么做到让大家如此积极开展改善工作的呀？"伍立摸了摸头，笑着说："其实也不是我用了什么好的方法，是他们自己在改善的过程中尝到了'甜头'。通过改善他们真的体会和感受到工作比以前轻松、简单、安全、高效了！以前他们认为改善是公司要求，是我强加给他们的任务，现在他们都认为改善是为了自己。所以，我就不用干什么啦。"领导说："要保持这种劲头，最好是形成你们班组独有的文化，这样不仅可以很好地持续，还可以更好地传承！"伍立听后觉得很有道理，可是……

困惑17　如何让杰出班组文化有效地培养和传承呢？

班组文化

> **管理核心思想理念十七**
>
> 班组文化是班组集体意识和共同价值观的体现,最终成为班组成员的习惯性行为。

一、什么是班组文化

1. 班组文化的定义

班组文化是一种班组集体意识,是一班之长和班组成员在长期工作过程中不断磨合、协同、配合,是在完成工作任务的过程中形成的共同价值观、工作方式、行为准则的一种集合体,它通过一定时间的聚合构成后化为各个班组成员的习惯性行为。

2. 班组文化的构成和内容

班组文化一般分为管理文化、制度文化、安全文化、学习文化、和谐文化和创新文化六大类。

二、建设班组管理文化

1. 班组管理文化的核心

"以人为本"是企业管理的基本理念，也是班组管理文化的核心。以人为本从尊重和信任、理解和体谅、关心和温暖、肯定和表扬、合理和恰当这几个维度展开，传递正能量，营造军队般的士气、学校般的氛围、家庭般的温馨（班组文化看板见图6-1-1）。

图 6-1-1　班组文化看板

2. 班组管理文化——民主

尊重和信任，最好的表达就是民主管理。班组民主管理文化建立在班组长和成员共同认识提高的基础上，只有大家形成"我的班组我做主"的共识，才能真正做到全员参与、群策群力。民主不是绝对的自由，要以落实规章制度为基础；民主也不是绝对自我，要充分关怀人性，发挥所长；民主不仅仅是业余文化生活的需要，而是贯彻整个班组的工作面、生活面、学习面。

3. 班组管理文化——节约

环保节约不仅仅是中华民族的传统美德，也是人类作为地球一员的责任担当。班组要建立节能降耗、修旧利废的相关制度，表彰和肯定员工的节约行为，促进每个人养成的节约意识和习惯；还需要建立成本账，定期公示班组的各项收支费用，包括水、电、纸张等，让大家清楚明白，推进相关节约行为和措施也更容易被员工接受。

4. 班组管理文化——肯定

当员工做错了会被处罚，而做对了没有任何反馈时，员工的关注点就会在"不犯错误"，而不是"把工作做好"。管理的核心是员工的激励，肯定和激励是员工被看见和认可的方式。员工的行为、进步、成果若被及时肯定，干劲会更足；其他员工看到类似的具体行为和成果认可，就能真实感受到企业所倡导的是什么，做什么会得到正向回馈，无形中起到价值导向的作用。

5. 班组管理文化——自控

自控是班组的一种自驱、自主式管理。自控建立在班组制度公约化的基础之上，人人参与，自主自律。自控一般体现为轮值管理，每个人都是管理者；并且通过检查、考核、评比常态化，激发员工力争上游、比学赶超、互促互进，形成正向共生、共进的良好局面。

三、建设班组制度文化

1. 建立和健全班组的各项规章制度

（1）规范班组管理从建章立制开始。

班组制度一般包括岗位职责和责任制度、安全生产制度、反违章制度、交接班制度、台账管理制度、班组考核制度、物资管理与领用制度、民主生活制度等。制度有制定和完善的过程，执行制度遇到问题时，要及时完善优化制度，制定标准和制度是班组管理的起点。

（2）规章制度是大家必须遵守的共同规范。

规章制度最大的作用就是作为共同的约定，规范全体成员的行为。企业都希望员工有良好的工作习惯，上班时间能公私分明，事事做到最好，规章制度是把这些希望或者要求以可执行的方式明确下来，后面执行时"有法可依""有法必依"。

2. 班组制度制定规则

制定班组制度时必须符合以下几点要求。

①与公司的相关规章制度相符合。班组制度必须建立在符合公司价值观和规章制度的基础之上。

②具备一定的可执行性和严肃性。班组是企业最基层的管理单元，班组的规章制度不仅仅是要求，更是行为准则和规范，要有操作性且能够执行和评价。

③班组规章制度必须符合现实管理水平要求，要在日常应用和贯彻，制定时要充分考虑外部环境、客户需求、组员的水平等要素，立足现实状况，兼顾发展需求。

3. 树立制度至上的理念

规章制度是用来规范、约束所有组员行为的准则，它不针对团队内的任何人，却能约束团队中的任何人。所有成员都要树立制度至上的理念。

班组规章制度在实际执行中，通常需要强化激励：做得好的，奖励到"心动"；违反的，考核到"心痛"。在"心动"和"心痛"

之间，大家会很自然地形成遵守制度的自觉行为。

科学家曾把四只猴子关在一个笼子里，并从笼子上面的小洞放下一串香蕉，一只猴子立刻冲上去，可是当它还没有拿到香蕉时，就被预设机关所喷出的热水烫伤，其他三只猴子也要被烫一次。

结果可想而知，当有猴子去取香蕉时，四只猴子都要被烫一次。后来，实验者换了一只新猴子进来，当新猴子想去拿香蕉时，立刻被其他三只"老猴子"暴打一顿。

当所有猴子都被更换，尽管没有猴子被烫过，但是每当有猴子去取香蕉的时候，其他三只猴子都会把它暴打一顿。

4. 严格执行班组制度

执行班组制度要遵循四个"严格"。

（1）严格教育。

从制度的宣贯和培训开始，就得严肃对待，一丝不苟，要点尽量考试或者抽查提问，确认员工是否真的知道并理解，只有先让员工充分掌握，后面才有可能被充分执行。

（2）严格自律。

身先足以率人，班组长应以身作则，率先垂范，自觉遵守规章制度，一视同仁。背影是最好的榜样，班组长怎样要求员工，自己就先怎样做。

（3）严格监督。

班组要建立良好的监督机制，自查、互查、例行查、随机查等多种方式混用，形成互相监督、有苗头马上规避的氛围和习惯。

（4）严格惩处。

奖励要奖到"心动"，处罚要罚到"心痛"。有功及时表扬，有过严肃对待，功过奖罚分明；严格执行、严肃查处是执行制度的关键，只要大家知道不执行的后果，就不会去触犯了。

四、建设班组安全文化

1. 安全文化是班组安全生产的灵魂

安全文化是指人们为了安全生活和安全生产所创造的文化；是人的安全价值观和安全行为准则的综合展现；体现为每一个人、每一个单位、每一个群体对安全生产的态度、对安全工作的思维方式以及采取的行为方式；是保护人身心健康、尊重人生命和体现人价值的文化。

2. 安全文化的核心（见图6-1-2）

安全文化的核心是"以人为本"的本质安全文化建设。安全不仅仅是没有危险，更是一种"应该"的状态；安全不仅仅守护人们现在的生命和健康，也守护未来的生命和健康。

安全是结果	安全是状态	安全是过程	安全是准备
安全是检查	安全是考核	安全是能力	安全是习惯

图6-1-2 安全文化的核心

3. 班组安全文化的内容化

（1）树立正确、科学的安全管理观。
（2）建立"全员、全过程、全方位"的安全管理网络。
（3）强基保安全，抓好班组基础和现场安全管理。

作业标准化和现场管理规范化是安全生产的基础。作业标准化，就是将某一作业事项的操作步骤和要求进行清晰明确的步骤化描述，用来指导和规范员工的日常工作；现场管理规范化通常通过5S管理活动等抓手确保安全生产；安全管理要点通常体现在上述作业标准和现场规范要求中。

（4）辨识控制危险源，推进 KYT 全员安全预控。

现场通过持续开展 KYT 活动（见图 6-1-3），使员工掌握对危险的预知判断，提前采取安全防范措施，达到消除灾害的目的。KYT 活动对员工的安全意识、安全能力及对危险的预判能力都有显著提高。

图 6-1-3　KYT 之手指口述

（5）养成遵守标准的作业习惯，消除习惯性违章。

员工应该遵守的标准有标准操作程序（SOP）、安全工作程序（SJP）、点检保养作业标准、安全操作规程等。习惯性违章是对以上标准习以为常的违反，识别危险源、对危险源进行目视化管理、强化员工的安全意识、规范生产现场、推进作业标准化等工作都非常有助于降低习惯性违章。

4. 完善班组安全文化制度

班组应该有的安全制度包括安全生产制度，安全教育制度，工伤、事故管理制度，安全文明生产检查制度，安全生产奖惩制度，危险作业管理制度，班组安全活动制度等。有了好的制度，也不要忘记营造"人人都是安全员"的班组安全文化氛围，让安全生产成为一种"应该"的状态。

5. 建设班组安全文化的途径

首先，要树立科学的安全观。科学安全观包括以下三点。

（1）民安为天。

员工是安全生产的主体，再好的技术、再完美的规章在实际操作层面也无法取代人自身的素质和责任心，所以要重视员工的安全教育，培养安全意识，摒弃"重生产轻安全"的偏见。

（2）预防为主。

要居安思危，常抓不懈。加大安全投入，提高防范能力。若没有足够的安全投入，危险设备则带"病"运行，事故隐患就难以清除。

（3）法治为先。

强化对事故隐患的纠正预防。海恩法则（Heinrich's Law）指出：每一起严重事故的背后，必然有29次轻微事故、300起未遂先兆和1000起事故隐患，所以要特别重视事故隐患和未遂事件的彻底治理。

其次，要建立安全生产制度，然后围绕以上要求开展安全教育培训和宣传活动。最后通过推行班组自我管理与全员参与，把安全文化做到内化于心，外化于行。

6. 班组安全文化建设的活动类型

强化班组安全文化建设的活动有安全知识竞赛、技能竞赛、班组无事故考核、安全演讲比赛、安全随手拍、安全论坛、安全现场抽考等，可以根据实际需要展开。

通过开展上述班组安全活动，可使员工形成团队意识、互控意识、互助意识，在活动中增进了友谊，促进了和谐，掌握了技能，体验到关爱，以更高的协同精神推进班组发展。

五、建设班组学习文化

1. 培养正确的班组学习理念

人类之所以伟大，作为万物之灵，根本原因就是善于学习。现在，社会发展进步日新月异，学习更是作为职业人生存和发展的必需，每个人都需要学习，只有跟上时代的步伐，才能适应社会的需要。正所谓生命不息，学习不止。

2. 营造班组学习氛围

班组需要利用班前会、班后会、分享会等一切机会营造学习氛围；不断通过 OPL、技术"比武"等方式搭建学习、分享、创新的平台；利用现代软件技术制定学习"地图"、记录学习履历，完善现有的学习制度；可以考虑班组晨读、每周一小时集中学习（班组园地见图 6-1-4）；还可以在工作中学习，鼓励小发明、小创新、小革新等举措，促进知识转化，学以致用。

图 6-1-4　班组园地

3. 多种学习方式的交互转化

（1）工作学习化和学习工作化。

在变化中学习，在行动中学习，在工作中互相交流和分享；学优秀的别人，做最好的自己，工作中吸收、内省、互动、共生。

（2）个人学习和班组学习融合。

个人学习的持续性和系统性比较强，可以在概念、框架、逻辑上形成完善的知识体系；班组可以组织一些经典的分享学习，团队学习是多维度视觉深入，在脑力激荡过程中容易凝聚智慧，促进理解；个人学习和班组学习融合，会事半功倍。

4. 进行五项修炼，打造学习型组织

著名管理学者彼得·圣吉在《第五项修炼》一书中提出建立学习型组织的关键，即汇聚五项修炼或技能：第一项修炼是自我超越；第二项修炼是改善心智模式；第三项修炼是建立共同愿景；第四项修炼是团体学习；第五项修炼是系统思考。系统思考是整合其他修炼的修炼，它是把其他四项修炼融到一起的理论和实践体系，所以作者将书命名为《第五项修炼》。

五项修炼是一个有机的整体,其中个人的自我超越是整个学习型组织的基础,团队学习的许多工作最后都依赖于个人的努力,比如改善心智模式、建立共同愿景、系统思考等。团队学习既是团队的活动内容,同时又是检视心智模式、建立共同愿景的载体和手段。系统思考是学习型组织的灵魂,它提供了一个健全的"大脑",一种完善的思维方式,个人学习、团队学习、检视心智、建立愿景,都因系统思考的存在而连成一体,共同达到组织目标,学习型班组园地示例如图6-1-5所示。

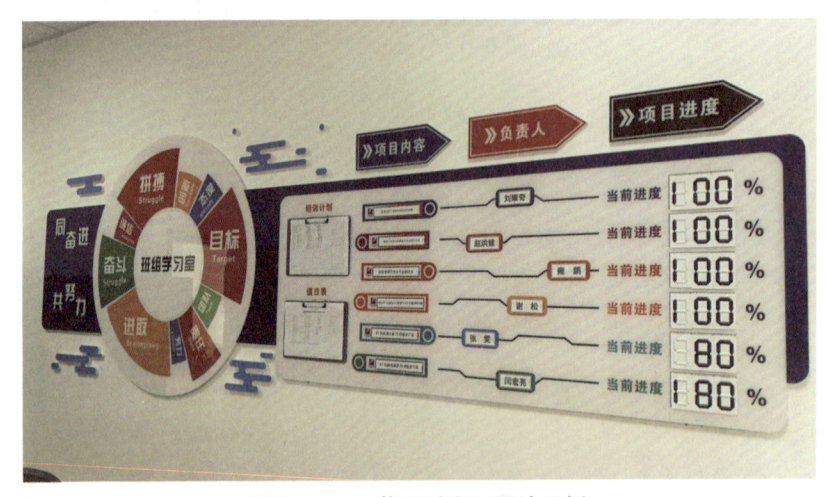

图 6-1-5 学习型班组园地示例

六、建设班组和谐文化

1. 班组和谐文化的内容

班组和谐文化也可以说是家庭文化的升华,一个温暖、和谐的"家",必须是成员彼此尊重、关怀、体谅的,能够通过情绪价值的创造来提升经济价值,如图6-1-6所示。

和谐不仅限于班组内部成员,还包括对上下游工序乃至外部客户。和谐体现在三个方面：①尊重信任。成员之间彼此尊重和信任是和谐文化的基础。②支持协同。支持协同是和谐文化的核心要素。③互动民主。民主、沟通、互动是和谐文化的重要润滑剂。

图 6-1-6　班组的和谐文化

2. 营造班组和谐氛围

（1）建立班组成员和谐文化的共同价值观。

这个共同价值观包含敬业负责、协同合作、热情快乐等要素。有共同的价值观，才有共同的意识和语言。

（2）在工作中营造班组和谐的氛围。

工作中的和谐取决于两个方面：一是工作的流程标准化完善程度，直接影响工作能否顺利开展，标准化越高的工作，发生冲突的概率越低；二是工作中的联络、商谈、报告机制，机制越完善，成员的沟通成本越低，异常情况能够得到及时解决。

（3）在业余时间营造班组和谐氛围。

人是有感情的，还具有社会性。多创造业余时间的互动和活动，能够加深彼此的了解和认同，增进友谊，对工作的推动大有裨益（见图 6-1-7）。

图 6-1-7　班组氛围营造

3. 建设班组和谐关系

（1）班组长与班员之间关系和谐。

如果说班组长与班员之间关系和谐是核心，那么班组长自身修炼就是这核心中的核心。作为一班之长，第一要以身作则；第二要公正无私；第三要宽宏大量；第四要用人所长。班组长做到以上四点，用心对待每一位成员，每位成员在心里都有一个位置，大家自然而然围绕核心凝聚，团队因此形成。

（2）班员和班员之间关系和谐。

背景、地域、性格、能力、喜好可能截然不同的班员，因为工作聚在一起，合得来是偶然，很多地方合不来是理所当然。班组长在和班员的关系处理上，要多强调团队的共同文化价值观，求同存异，互相理解和体谅，促进工作协同。

（3）班员与外界之间关系和谐。

班员与外界之间的关系，一是指与其家庭的血缘关系，二是指与同学、朋友之间的业缘关系。这些关系对工作来说，没有直接影响，但是间接影响力比较大，需要正视。作为班组长，对这类关系的处理需要有一定的界限，仅有建议的权力，不管如何，给予理解和支持就好。

（4）班组与班组之间关系和谐。

班组与班组之间，尤其是有竞争关系的班组之间关系比较微妙，作为管理者，需要扩大心量，需要有"胜则举杯相庆，败则拼死相救"的格局。良性竞争会让彼此更有动力，进步更快。

七、建设班组创新文化

1. 创新文化的三大作用

（1）创新文化是孕育创新的种子。

团队不是"有人就能创新"，而是"有创新文化才有创新"，这个创新文化是"种子"。"种子"有了，遇到合适的温度和湿度，就能"发芽"。

（2）创新文化是培育创新的热土。

创新从"发芽"到成形，需要良好的外部条件，犹如植物需要合适的气温、光照和水，这样的平台（或者叫孵化器）有激发、营养、容错和优化因子，承载并支持这个漫长而艰苦的转化工程，直到成功。

（3）创新文化能够焕发员工创新激情。

员工在有创新文化的组织中工作，不仅能够获得安全感，还能获得成就感和价值感，满足自我实现的需求，并且通过交流分享、取长补短、协同合作，可以激发创新不断产生，这就是集群效应（见图6-1-8）。

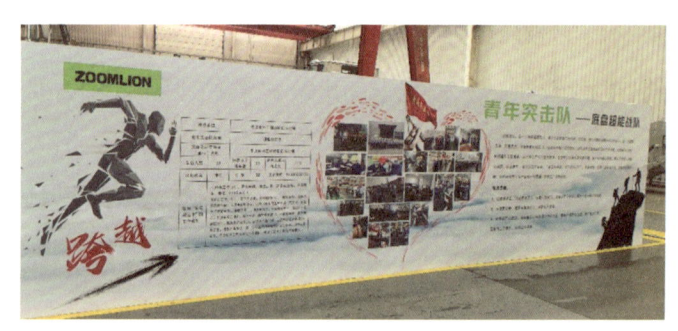

图 6-1-8　班组的创新文化

2. 创新文化形成的条件

（1）消除班组现有的创新障碍。

创新需要消除固有的怀疑、泼冷水氛围，以及"做得好是应该的，做得不好就指责甚至处罚"的习惯；树立允许犯错、允许变革的坚定意志，这是创新必备的氛围。

（2）培养班组员工的创造性思维（见图6-1-9）。

在工作、学习中，利用头脑风暴等方式方法，不断激发员工的创造性思维，如多维度思维、逆向思维、横向思维、侧向思维、联想思维等，无计可施、一筹莫展的时候，就是创新突破的开始。

图 6-1-9　培养班组员工的创造性思维

（3）识别班组的创新人才（见图6-1-10）。

班组的创新人才有三个特点：一是具备专业知识能力，善于思考，以问题为"师"；二是能聚焦分析，把握前沿的技术发展趋向，大胆设想、小心论证，遇到难题不气馁；三是具备知识获取、消化、运用、表述的能力。创新"人才"有很多，但是创新"全才"很少，可以用不完美的"人才"组成完美的创新"梦之队"，团队配合达成创新协同。

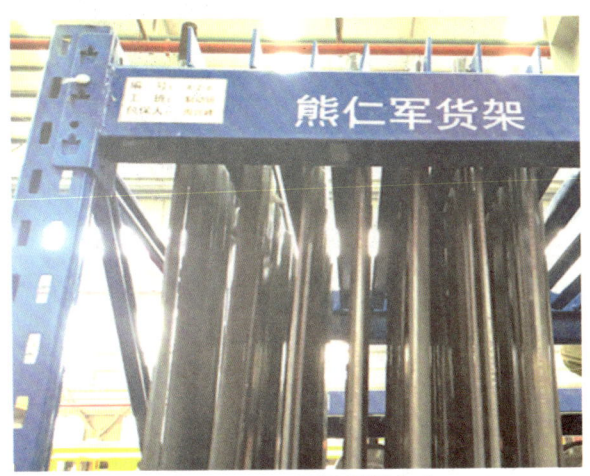

图6-1-10　班组创新人才

3. 班组创新文化的培养

（1）营造班组创新氛围（见图6-1-11）。

通过管理看板、班前会、班后会、推荐评优等各种方式方法，肯定和嘉许敢于冒险、不畏挫折、持续改善、乐于奉献的人和事，慢慢在班组中营造改善创新的氛围，播下创新的"种子"。

图 6-1-11　营造班组创新氛围

（2）建立有效的激励机制。

管理者要更新人才观念，尤其要摒弃"完美情节"及"全才观念"，大胆启用创新型人才；建立人才培养机制，完善分配激励机制，有效引导员工关注创新、投身创新、大胆创新。

（3）为员工创新创造条件。

班组长要把员工的创新意识和创新思维培养当成首要工作来抓；动员和组织创新人才到现场，在实践中发现问题、解决问题；为员工创新保驾护航，尽力提供相关资源条件，支持创新工作。

（4）建立允许犯错和失败的机制。

创新是探索，九败一成。指标绩效考核是班组管理的重要手段，常规的考核方法用到创新上，会扼杀创新的"萌芽"。所以创新不但要有激励机制，而且需要有允许犯错和失败的机制为创新托底。

八、杰出班组文化建设的最终建议（见图6-1-12）

（1）班组长以身作则、率先垂范。

家风体现的是家长的作风，班风则体现的是班组长的作风。任何文化，如果管理者只是倡导，但自己不认同、没有亲身践行，员工心如明镜、眼睛雪亮，可能导致"阳奉阴违"，最后别说建设杰出的文化，连最基本的管理都执行不下去。

（2）培养班组成员终身学习的理念。

停止学习和进步的组织，不可能有文化，也不可能有未来。一个组织起点可能不高，但终身持续学习就是最高级的文化，个人也是如此。起点低不代表水平低，基础差不等于员工差，终身学习就是改变这一切的力量。

（3）建立共同的愿景和价值观。

《阴符经·下篇》有云："瞽者善听，聋者善视。绝利一源，用师十倍。三返昼夜，用师万倍。"意识跟共识相比，意识是个体的觉醒，共识是团队的力量，共同的愿景和价值观能够使全体成员聚焦，聚焦就是力量，能够带来突破的力量（用师十倍）；反复纠偏、持续聚焦（三返昼夜），一直秉承这共同的愿景和价值观，最后平凡就会成就为伟大（用师万倍）。

（4）共同讨论文化建设实施计划。

文化可以意会、可以言传，却无法触碰到。人们一个月可以形成意识，一年形成习惯（共识），三年以上才能形成文化，任重道远。所以班组长制定好实施计划后，需要跟大家反复讲解、组织讨论，让员工充分理解和认同，后面推进阻力就小很多。

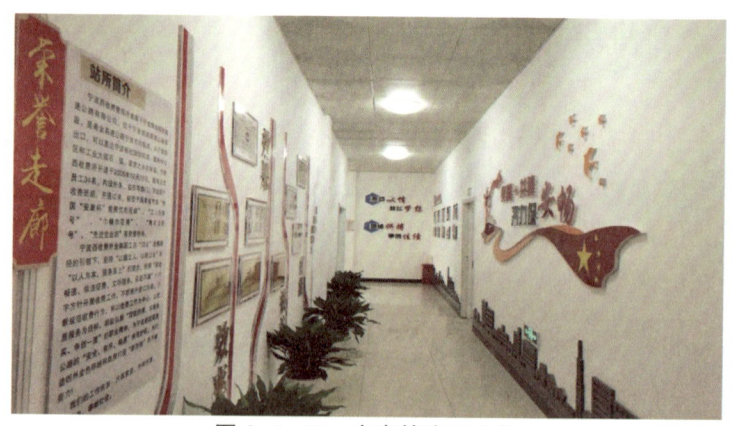

图 6-1-12　杰出的班组文化

（5）建立有效的激励约束机制。

激励是肯定，希望大家都去做；惩罚是约束，告诫大家不要做。班组长必须建立有效的激励和约束机制并严格执行，使大家朝一个方向努力。在养成习惯并形成文化之前，员工大多只会执行会考核的内容。

（6）杰出班组文化试点先行、典型引路。

试点是全面推进的前奏，是给自己一个缓冲的机会，给大家一个必成的信心。通过试点可以总结经验，完善考虑不充分之处，所以试点先行、典型引路是班组成功推进变革的一个法宝。

（7）定期复盘、不断优化和持续改善。

班组每季度、每年都需要回顾和复盘阶段的得失，优化计划，确保后续更顺利地执行。这不仅指建设班组文化，所有工作都应该定期复盘反省，今天要比昨天好，今年要比去年好，这是管理者的自律。

◆ **本章小结** ◆

　　班组文化始终会以"落实任务""解决问题"作为班组管理的核心宗旨。班组文化是被班组成员普遍认可而共享的,共同遵循、自觉维护的工作、生活等行为内涵。本章中所阐述的内容都是在表明:作为一名杰出的班组长,必须重视和重点打造杰出班组文化的六颗"心"能,具体如下。

- 班组管理文化——工作态度的用"心"。
- 班组安全文化——强基固本的核"芯"。
- 班组制度文化——下属领导的互"信"。
- 班组学习文化——技能传承的火"薪"。
- 班组和谐文化——团队氛围的欢"欣"。
- 班组创新文化——精进改善的创"新"。

参考文献

[1] 聂云楚. 如何推进 5S[M]. 深圳：海天出版社，2001.

[2] 聂云楚. 杰出班组长 [M]. 深圳：海天出版社，2002.

[3] 张文，聂云楚. 高效率生产方式 [M]. 深圳：海天出版社，2002.

[4] 宋涵，聂云楚. 杰出班组长（提升篇）[M]. 深圳：海天出版社，2004.

[5] 聂云楚，余弟录，孙亚彬.6S 实战手册 [M]. 深圳：海天出版社，2004.

[6] 罗仕文，聂云楚，玄熙平.6S 督导师实用手册 [M]. 深圳：海天出版社，2007.

[7] 深圳市立正管理咨询有限公司. 石油化工企业 7S 管理规范手册 [M]. 北京：中国电力出版社，2022.

[8] 深圳市立正管理咨询有限公司. 燃机发电企业 7S 管理规范手册 [M]. 北京：中国电力出版社，2022.

[9] 深圳市立正管理咨询有限公司. 火力发电企业 7S 管理规范手册 [M]. 北京：中国电力出版社，2022.

[10] 韦彦华，杨爱民.7S 现场管理督导师手册 [M]. 北京：企业管理出版社，2023.

[11] 陈晓刚，苏弟英，金志刚. 车间班组 7S 管理规范 [M]. 北京：企业管理出版社，2023.

[12] 中国华电集团公司. 发电企业 7S 管理 [M]. 北京：中国电力出版社，2014.

[13] 中国华电集团公司. 发电企业 7S 管理技术规范与制度汇编 [M]. 北京：中国电力出版社，2016.

[14] 发电企业精益管理体系构建与案例选编编委会. 发电企业精益管理体系构建与案例选编（上下册）[M]. 广州：广东经济出版社，2022.

[15] 〔美〕彼得·圣吉. 第五项修炼：学习型组织的艺术与实践 [M]. 张成林，译. 北京：中信出版社，2018.

[16] 〔美〕彼得·德鲁克. 管理的实践 [M]. 齐若兰，译. 北京：机械工业出版社，2018.

鸣谢

中国运载火箭技术研究院	恒力集团
中联重科股份有限公司	靖远第二发电有限公司
株洲南车时代电气股份有限公司	东北制药集团股份有限公司
太原钢铁集团有限公司	康佳集团股份有限公司
中国铁路成都局集团有限公司	中国航天科工集团第二研究院
华电国际电力股份有限公司邹县发电厂	福建华电可门发电有限公司
中国南方电网有限责任公司	华润三九医药股份有限公司
武汉钢铁集团有限公司	美的集团股份有限公司
中国铁路武汉局集团有限公司	航天动力技术研究院
浙江浙能台州第二发电有限责任公司	广东大唐国际雷州发电有限责任公司
江苏金方圆数控机床有限公司	江苏洋河酒厂股份有限公司
唐山东海钢铁集团有限公司	深圳市金百泽电子科技股份有限公司
中国铁路济南局集团有限公司	中国空间技术研究院
陕西清水川能源股份有限公司	福建省鸿山热电有限责任公司
杭州汽轮机股份有限公司	深圳迈瑞生物医疗电子股份有限公司
中国南玻集团股份有限公司	杭州鸿雁电器有限公司
宁波海运股份有限公司	中国兵器装备集团有限公司
天津华能杨柳青热电有限责任公司	陕西渭河发电有限公司
金鹰重型工程机械股份有限公司	深圳海王药业有限公司
耀皮工程玻璃有限公司	伊莱克斯（中国）电器有限公司
深圳市地铁集团有限公司	四川航天技术研究院
宁夏枣泉发电有限责任公司	黄河水利水电开发集团有限公司
扬州电力设备修造厂有限公司	中国工程物理研究院

广东南方东海钢铁有限公司	稳健医疗用品股份有限公司
浙江申苏浙皖高速公路有限公司	惠州则成技术有限公司
汉江水利水电（集团）有限责任公司	上海航天技术研究院
力劲集团	福建棉花滩水电开发有限公司
黑龙江建龙钢铁有限公司	中国储备粮管理集团有限公司
河北省高速公路京秦管理处	深圳市振华微电子有限公司
华电福新周宁抽水蓄能有限公司	中国航天电子技术研究院
扬州锻压机床有限公司	光大环保能源（衢州）有限公司
葛洲坝石门特种水泥有限公司	湖南省储备粮管理有限公司
昆明轨道交通集团有限公司	广西自贸区见炬科技有限公司
广州环保投资集团有限公司	中国航天空气动力技术研究院
上海阀门厂股份有限公司	国能宁夏灵武发电有限公司
福建凯邦锦纶科技有限公司	烟台市喜旺食品有限公司
苏州绕城高速公路有限公司	深圳市飞荣达科技股份有限公司
陕西延长石油富县发电有限公司	中国电子科技集团有限公司
青岛征和工业股份有限公司	内蒙古华电包头发电有限公司
江苏神王集团钢缆有限公司	浙江康恩贝制药股份有限公司
新华制药股份有限公司	东莞深赤湾港务有限公司
淮浙煤电有限责任公司凤台发电分公司	中国电子科技集团公司第四十三研究所
辽宁大族冠华印刷科技股份有限公司	贵州华电桐梓发电有限公司
广东华捷钢管实业有限公司	内蒙古康源药业有限公司
深圳市职工继续教育学院	德邦物流股份有限公司
广东大唐国际肇庆热电有限责任公司	中国人民解放军第6904工厂
中国电子科技集团公司第三十八研究所	马鞍山当涂发电有限公司
亚普汽车部件股份有限公司	株洲千金药业股份有限公司
伊犁新天煤化工有限责任公司	深圳赛格日立公司
中山职业技术学院	华电能源股份有限公司哈尔滨第三发电厂
浙江浙能绍兴滨海热电有限公司	重庆博腾制药科技股份有限公司
兰州兰石集团有限公司	上海ABB变压器有限公司
中国石油兰州石化公司	华能上海燃机发电有限责任公司

福建晋江天然气发电有限公司	江苏全稳农牧科技有限公司
长春三鼎变压器有限公司	广州地铁集团有限公司
中国石油天然气集团公司	欧姆龙(大连)有限公司
西安印钞有限公司	内蒙古能源发电投资集团有限公司
湖北西塞山发电有限公司	青岛海佳机械集团有限公司
常熟纺织机械厂有限公司	深圳市宝路华运输(集团)有限公司
特变电工股份有限公司	中国石油化工股份有限公司
广西桂能电力有限责任公司	沈阳造币有限公司
湖北鄂丰模具有限公司	贵州金元黔西发电有限责任公司
霍州市锦兴煤业有限公司	广西梧州制药(集团)股份有限公司
中海福建燃气发电有限公司	广东科龙电器股份有限公司
黄山皖南机床有限公司	贵州乌江水电开发有限责任公司
闽东水电开发有限公司	武汉中粮肉食品有限公司
方圆阀门集团有限公司	贵州构皮滩发电厂
华安水力发电厂	中粮崇左糖业有限公司
江苏群业电工有限公司	福新能源古田溪水力发电厂
云南华电鲁地拉水电有限公司	郑州广汇食品有限公司
广东万丰摩轮有限公司	华电国际宁夏新能源发电有限公司
华电内蒙古开鲁风电有限公司	珠海麒麟统一啤酒有限公司
武汉华中自控技术发展股份有限公司	陕西华电风力发电有限公司
广东海大集团股份有限公司	通威股份有限公司
国桢美洁(安徽)生物质热电有限公司	华电哈密新能源有限公司
山东六和集团有限公司	济南轻骑铃木摩托车有限公司
潍柴动力股份有限公司	中国国际海运集装箱(集团)股份有限公司
广东天然气管网有限公司	三菱电机自动化(中国)有限公司
招商港务(深圳)有限公司	苏州苏嘉杭高速公路有限公司
深圳市陶和数码科技有限公司	浙江浙北高速公路管理有限公司
福建华电邵武能源有限公司	福建福清核电有限公司
中国华电集团有限公司广东分公司	广西桂东电力股份有限公司
浙江浙能嘉华发电有限公司	中国航天推进技术研究院

国能（泉州）热电有限公司	贵州金元茶园发电有限责任公司
昆山格林兰印染有限公司	山东亚太中慧集团有限公司
浙江嘉业印染有限公司	国投晋城能源有限公司
华电莱州发电有限公司	赣浙国华（信丰）发电有限责任公司
陕西能源赵石畔煤电有限公司	淮沪煤电有限公司田集发电厂
国能宁夏鸳鸯湖第一发电有限公司	浙江浙能镇海发电有限公司
广东粤电云河发电有限公司	温州燃机发电有限公司
贵州燃气集团股份有限公司	浙江浙能电力股份有限公司萧山发电厂
浙江浙能中煤舟山煤电有限责任公司	浙江浙能温州发电有限公司
贵州北盘江电力股份有限公司光照分公司	浙江浙能兰溪发电有限公司
河南佳怡食品有限公司	宁夏中宁发电有限责任公司
临沂矿业集团菏泽煤电有限公司	贵州乌江清水河水电开发有限公司
广西广投桥巩能源发展有限公司	辽宁华电铁岭发电有限公司
广西来宾广投银海铝业有限责任公司	浙江盛唐环保科技有限公司
梧州桂江电力有限公司	福建华电金湖电力有限公司
贺州市桂源水利电业有限公司	广西桂东电力股份有限公司供电分公司

原创自主研发版权课程

序号	版权课程
1	杰出班组长
2	杰出班组长——班组五力管理训练营
3	现场管理与班组建设
4	发电企业《精益管理督导师》实战训练
5	管理 5S/6S/7S
6	5S/6S/7S 督导师实战训练
7	《创造高收益——经营与会计》企业经营沙盘实战
8	《创造高收益——经营人才团队育成》企业沙盘实战

联系方式：010-68487630

王老师：13466691261
（同微信）

刘老师：15300232046
（同微信）

- 杰出班组长
- 杰出班组长——班组五力管理训练营
- 现场管理与班组建设
- 发电企业《精益管理督导师》实战训练
- 管理 5S/6S/7S
- 5S/6S/7S 督导师实战训练
- 《创造高收益——经营与会计》企业经营沙盘实战
- 《创造高收益——经营人才团队育成》企业沙盘实战

原创自主研发咨询项目

序号	咨询项目
1	杰出班组长育成记——班组五力管理训练营
2	工厂精益布局规划
3	工厂视觉价值设计
4	精益价值7S
5	发电企业精益管理
6	党建品牌创建

联系方式：010-68487630

王老师：13466691261　　　刘老师：15300232046
（同微信）　　　　　　　　（同微信）

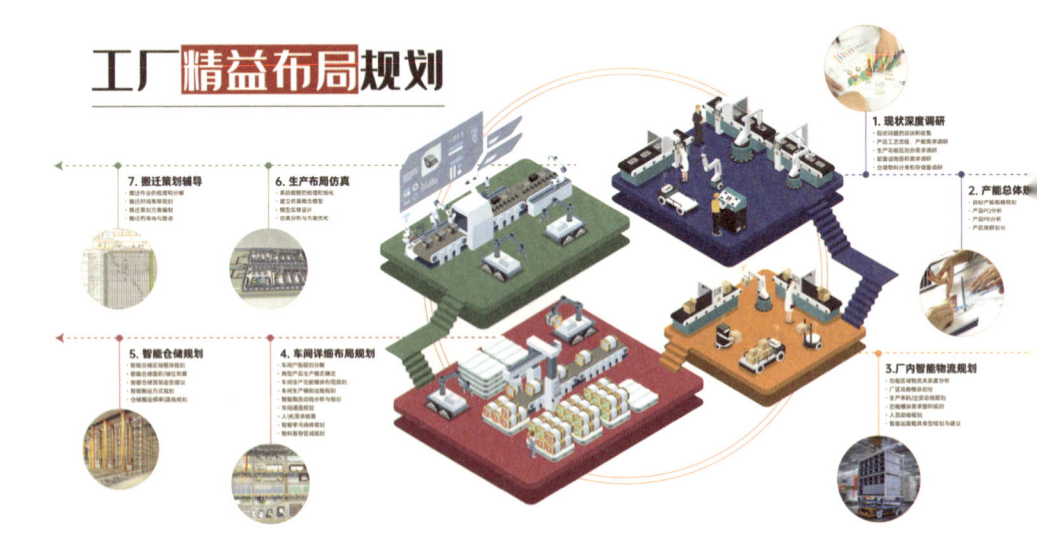

《杰出班组长育成记——班组五力管理训练营》闯关地图

过关听封
- 公布成绩
- 获得徽章
- 结算奖励

第4关-战斗力-铸造PQCDS指标的绩效标杆
1. 企业创酸战斗力管状调查
2. 阶段新进谈，如何帮好班组管理中的绩效管理
3. 数据管理法的应用及新的观管理
4. 数据分析管理工具的运用
5. 问题管控与问题解决方法
6. 如何应对指标变化（人机料法）的管理
7. 五型人员的应用
★ 任务布置，过关进入下一关

第5关-改善力-构建精益求精的创新文化
- 改善的定义
- 改善的类型
- 企业管理中的八大浪费
- 八大浪费产生的原因与改善对策
- 班组标杆模式的重工具
- 精益求精的精髓
- 任务布置，过关后补封

第3关（成为"卓越班组长"必过）

第3关-凝聚力-打造凝心聚力、锐意进取的员工团队
1. 凝聚力在班组管理中的重要作用
2. 如何吸纳新员工融入工作氛围
3. 员工态度的方法的参谋
4. 如何组织和展开各类团队活动
5. 如何开展班组管理问题 (QRS活海默斯)
6. 培育凝聚力文化建设案例分享
★ 任务布置，过关进入下一关

第4关（成为"卓越班组长"必过）

第2关-现场力-营造有核心竞争力的生产
- 现场管理5S化
- 班组登陆之前一—75管理
- 班组登陆有序一一目视化管理
- 班组标识的快速提达方法一一目视化管理
- 班组现场一 班组评优
- 任务布置，过关进入下一关

第2关（成为"合格班组长"必过）

第1关-胜任力-塑造班组绩效的最终负责任者
1. 班组长的角色认知
2. 目标企业中年实的班组长角色制制
3. 管控记录，领导者的素质
4. 优秀人际能力的培养
5. 班组长日常工作中管理的基础
6. 班组长如何从自我行管理
7. 管理者四项基本原则
★ 任务布置，过关进入下一关

第1关（"胜任班组长"必过）

开始闯关：新时代下的班组管理要求
1. 班组长立业的重要性
2. 企业对班组的要求
3. "杰出班组长"培养路径解析
4. 加盟能力养成

国家版权局版权登记号
- 佚权播送质量和权威
- 版作得字 2020-A-0002498

工厂精益布局规划

1. 现状深度调研
- 现场问题的动数据信息
- 产品工艺流程、产能需求调研
- 生产品能力数据调研
- 设备设计分析和需求调研
- 仓库物料分析和信储调研

2. 产能总体评
- 目标产能规模板化
- 产品P/Q析
- 产品需要分析

3.厂内智能物流规划
- 包能物流规划基础配置
- 厂区物料移动方式
- 主产车间包流运动规划
- 空储物料运输方式
- 人员流向规划
- 智能运跟输物料传运搬方式

4. 车间详细布局规划
- 布局产能分析
- 物流产生方式的体系
- 车间生产严格的战略规划
- 车间生产严格的战略规划
- 智能制造综合体系
- 人机安全保障
- 智能制造综合体系
- 物料影响综合规划

5. 智能仓储规划
- 智能仓库规划
- 配送仓储规划/规划方案
- 智能仓储系统选型方案
- 智能配选方式
- 仓储物品基础库储规划

6. 生产布局仿真
- 配送输流布局仿真
- 建立仿真规则
- 模型仿真学习
- 结果分析与优化完善

7. 搬迁策划辅导
- 搬迁作业的组织和实施
- 搬迁方案策划
- 搬迁实现要素
- 搬迁系统的组织与

工厂视觉价值设计

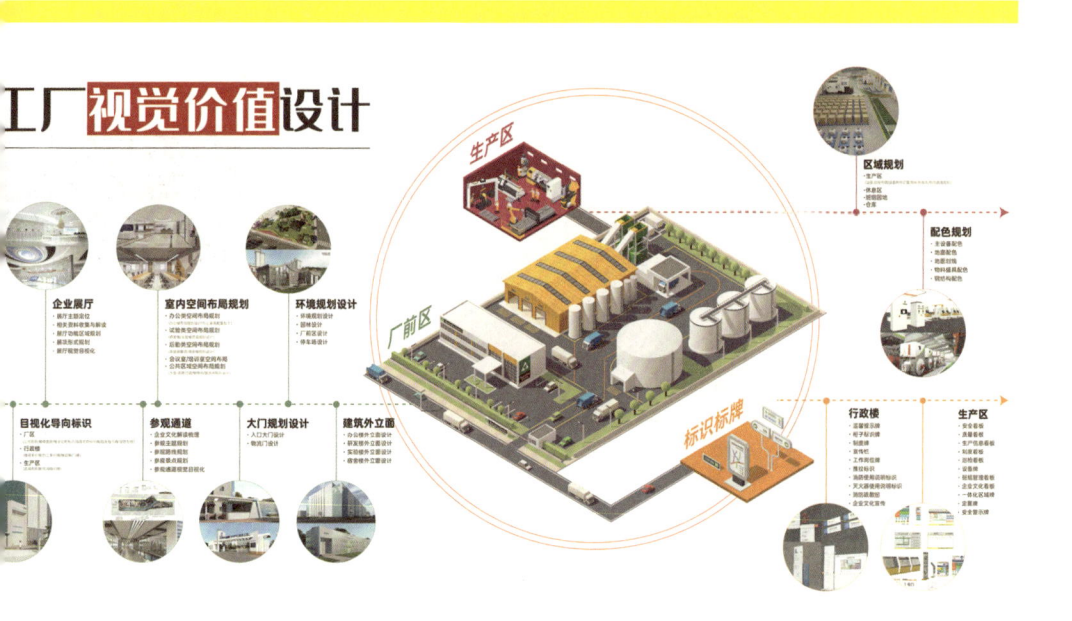

企业展厅
- 展厅主题定位
- 展示面积规划布局
- 展厅功能区域规划
- 展厅形式风格
- 展厅视觉策划

室内空间布局规划
- 办公室空间布局规划
- 试验室空间布局规划
- 后勤类空间布局规划
- 会议室接待空间布局
- 公共区域空间布局规划

环境规划设计
- 环境规划设计
- 园林设计
- 停车场设计

目视化导向标识
- 厂区
- 办公区
- 生产区

参观通道
- 企业文化展示梳理
- 参观主题策划
- 参观流程规划
- 参观要点策划
- 参观通道视觉设计

大门规划设计
- 入口大门设计
- 岗亭设计

建筑外立面
- 办公楼外立面设计
- 研发楼外立面设计
- 实验楼外立面设计
- 辅助楼件外立面设计

区域规划
- 生产区
- 休息区
- 仓库

配色规划
- 主设备配色
- 地面配色
- 管道配色
- 物料用具配色
- 辅助设施配色

标识标牌

行政楼
- 区域指示牌
- 地面标识线
- 制度牌
- 告示栏
- 工作岗位牌
- 看板设计
- 宣传栏阅读架设计
- 消防设施标识
- 天天晨晚会标识设计
- 消防标识
- 工具柜标识
- 企业文化宣传牌

生产区
- 安全警示牌
- 质量标识
- 生产信息看板
- 车间看板
- 岗位牌
- 设备牌
- 物料堆放看板
- 企业文化宣传牌
- 责任区域牌
- 安全警示牌

精益价值7S

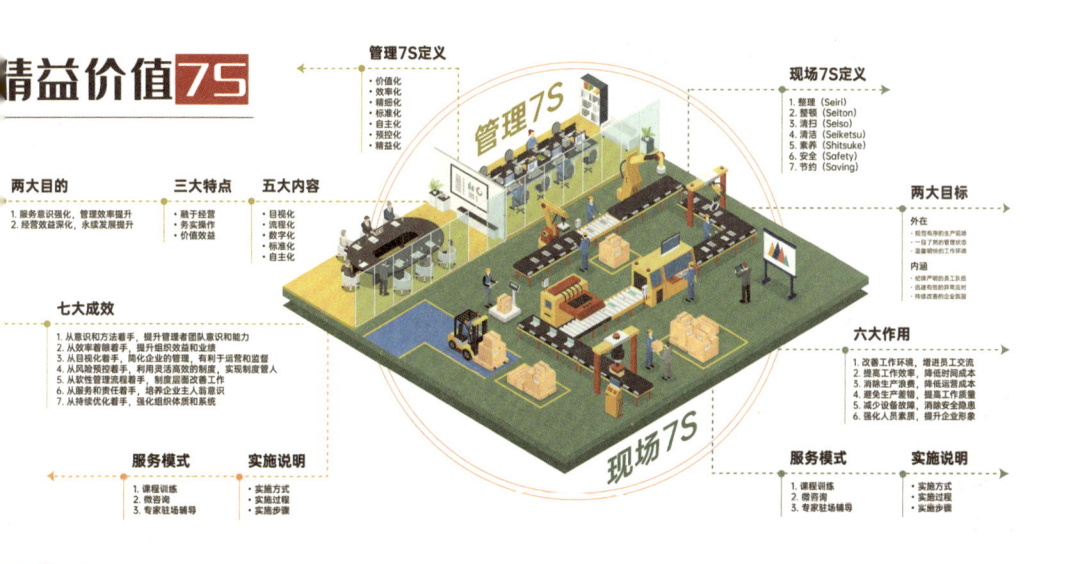

管理7S定义
- 价值化
- 效率化
- 精细化
- 标准化
- 预控化
- 精益化

现场7S定义
1. 整理（Seiri）
2. 整顿（Seiton）
3. 清扫（Seiso）
4. 清洁（Seiketsu）
5. 素养（Shitsuke）
6. 安全（Safety）
7. 节约（Saving）

两大目的
1. 服务意识强化，管理效率提升
2. 经营效益深化，永续发展提升

三大特点
- 融于经营
- 务实操作
- 价值效益

五大内容
- 目视化
- 流程化
- 数字化
- 标准化
- 自主化

两大目标

外在
- 整洁有序的工作环境
- 一目了然的管理状态
- 蒸蒸朝气的工作环境

内涵
- 纪律严明的员工风貌
- 迅速有效的异常反应
- 持续改善的企业氛围

七大成效
1. 从意识和方法着手，提升管理者团队意识和能力
2. 从效率着看手，提升组织效益和业绩
3. 从目视化着手，简化企业的管理，有利于运营和监督
4. 从风险管控着手，利用灵活高效的制度，定制制度管控人
5. 从软性管理流程着手，制度层面改善工作
6. 从服务和责任着手，培养企业主人翁意识
7. 从持续优化着手，强化组织体质和系统

六大作用
1. 改善工作环境，增进员工交流
2. 提高工作效率，降低时间成本
3. 减少生产消耗，降低运营成本
4. 避免生产差错，提高工作质量
5. 减少设备故障，消除安全隐患
6. 强化人员素质，提升企业形象

服务模式
1. 课程训练
2. 微咨询
3. 专家驻场辅导

实施说明
- 实施方式
- 实施过程
- 实施步骤

服务模式
1. 课程训练
2. 微咨询
3. 专家驻场辅导

实施说明
- 实施方式
- 实施过程
- 实施步骤

发电企业精益管理 2434 + N

- **2个目的**
  - 提质增效
  - 降低成本

- **4个核心**
  - 消除浪费
  - 创造价值
  - 持续改善
  - 精益求精

- **3个阶段**
  - 工具改善
    - 精益质量改善
    - 精益现场小改善
  - 系统推进
    - 发电变流程诊断
    - 部门发电岗位诊断
    - 班组全条件诊断
  - 文化引领
    - 班组精益管理文化
    - 部门精益管理文化
    - 公司精益管理文化

- **4个步骤**
  - 诊断
    - 问题诊断
    - 现状把握
    - 目标设定
  - 分析
    - 因素分析
    - 要因锁定
  - 改善
    - 对策立案
    - 措施实施
    - 效果收盘
  - 标准化
    - 标准化

- **N个业务**
  - 精益检修
  - 精益财务
  - 精益燃料
  - 精益物资
  - 精益安全
  - 精益运行
  - 精益基建
  - 精益党建
  - 精益人才
  - 精益营销
  - ……

党建品牌创建

1. 概念
根据党的建设总要求，以党组中心工作和中心任务、党的事业发展为目标，以加强党的长期执政能力、先进性和纯洁性建设为主线，运用品牌管理的理念，继续提升党建工作的亮点、特色、成果、经验、典型等，探索有价值的机制、模式，服务中心工作的新路径，党支部自主性精品商业性研品牌，发挥党员先锋模范作用的新载体，成为典型一流的导向示范作用价值高的党建样本化的工作、精品工程。

2. 党建工作的"四大困惑"
(1) 弱化　(2) 虚化
(3) 淡化　(4) 动摇化

3. 党务工作者的"五大难点"
(1) 如何打造最党建真点特色
(2) 如何找到创新工作着抓点
(3) 如何增强党组工作执行力
(4) 如何创造强有力的党建工作手段
(5) 如何开展丰富新颖的党建活动

4. 党建品牌"三大维度"
(1) 党建品牌核心理念（Idea）
(2) 党建品牌视觉形象（Visual）
(3) 党建品牌实施行为（Behaviour）

5. 党建品牌解决"五大问题"
(1) 为党礼建设百年提供新动力
(2) 为党建工作深耕高点新载体
(3) 为党的魅力打造精神内核
(4) 为工作开展创建有效抓手
(5) 为基层组织领先党建文化

6. 党建品牌"五大成果"
(1) 收获一个懂服人心、深入人心的党建品牌名称
(2) 收获一个生动形象、易于传播的党建品牌logo
(3) 收获一套特色鲜明、内容丰厚的党建品牌文化体系
(4) 收获一套路经清晰、简单易操作的党建品牌形式化实施手册与工具库
(5) 收获一套标准落地、落地实用的党建品牌标准化运用手册与工具库

7. 党建品牌创建"七大步骤"
(1) 项目启动
(2) 调研实施
(3) 设计策略
(4) 方案打造
(5) 系统打造
(6) 成果输出
(7) 项目验收

8. 项目"四大特色"
(1) 拥有一套先进的党建品牌建设方法
(2) 拥有一支专业的党建品牌策划团队
(3) 拥有丰富的品牌建设经验
(4) 拥有一个专属的项目质量控制体系

党建品牌创建"四大要点"
1. 把握定位　明确主题
2. 体系打造　特点鲜明
3. 统一思想　宣传到位
4. 完善机制　持续发展

党建品牌创建"六大内容"
1. 党建品牌有什么
   - 有亮点　·有精品　·有特色
   - 有内涵　·有制度　·有目标
2. 党建品牌的特点
   - 连专性　·人民性　·实效性
3. 党建品牌命名
4. 党建品牌logo
   - 简明性　·有艺术　·创意性　·内涵性
5. 创建意义
   - 加强组织引导　·提高党建效果
   - 凸显先锋作用　·强化政治建设
6. 创建措施
   - 为思想价值　·提高思想认识　·强化宣传引导

欢迎企业定制图书

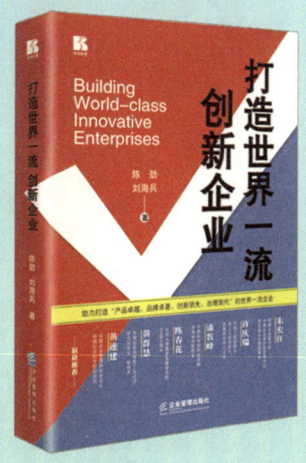

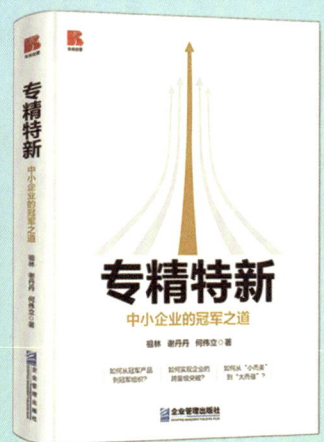

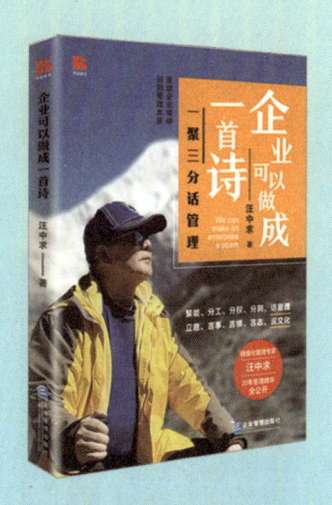

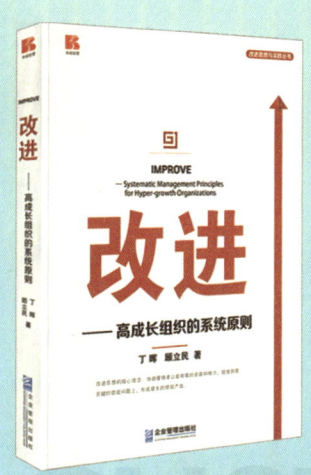

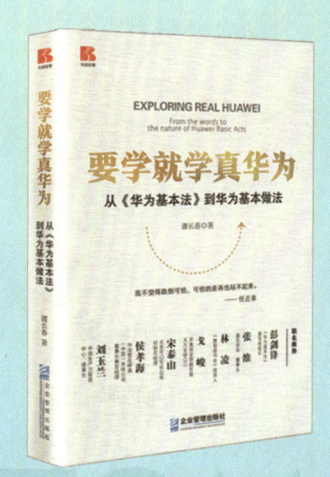

联系方式：010-68487630

王老师：13466691261（同微信）

刘老师：15300232046（同微信）

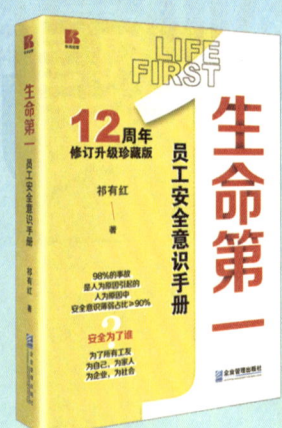

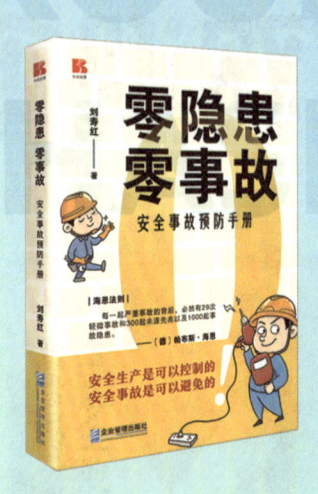

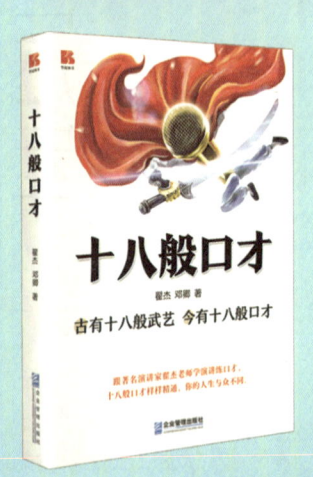

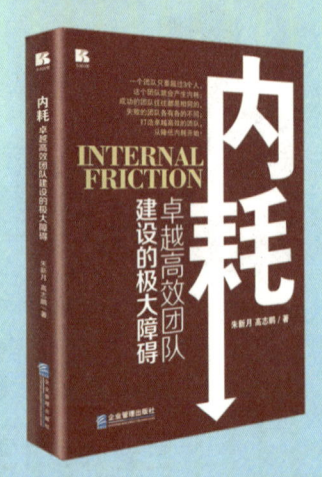

- TTT 训的就是你 培训师职业成长手册
- 生命第一 员工安全意识手册（12周年修订升级珍藏版）
- 零隐患 零事故 安全事故预防手册
- 十八般口才 古有十八般武艺 今有十八般口才
- 中国工厂利润倍增经营手册
- 中国工厂全面精益改善推进手册
- 追求极致——日本企业团队工作法
- 专精特新 向德国日本隐形冠军学什么？
- 内耗 卓越高效团队建设的极大障碍

传播管理智慧，助力企业腾飞

中企联播·名师讲堂

中企联播·名师讲堂是由《企业管理》杂志、《企业家》杂志与中国管理科学学会企业管理专委会共同举办的直播讲座平台，每周1—2场，每场1.5小时左右。

平台延请业界名师，为企业管理者们提供前沿新科技、经营新思维、管理新技术的精彩讲座，旨在帮助企业家、企业管理者不断提升自身能力，适应快速变化的经济发展与企业经营环境，解决企业经营管理中的困惑与难题。

部分讲座课程

汪中求	精细化管理系列讲座
陈劲	打造世界一流创新企业系列讲座
祖林	专精特新系列讲座
刘承元	精益管理系列讲座
丁晖、顾立民	管理改进系列讲座
谭长春	华为管理系列讲座
翟杰	演讲口才系列讲座

中企联播 · 名师讲堂部分名师

汪中求	陈劲	祖林	刘承元
丁晖	顾立民	谭长春	翟杰

名师讲堂

中企联播 · 名师讲堂现为公益讲座，未来将发展成知识付费平台。

中企联播 · 名师讲堂
欢迎企业经营管理者加入！

中企联播 · 名师讲堂欢迎
天下名师大咖的合作！

联系方式： 010-68487630
王老师： 13466691261（同微信）
请注明合作内容及方式